ÉDITIONS SAINT-SÉBASTIEN

-2016-

# LA BASTILLE SOUS LOUIS XVI

Il a fallu plus de temps pour démolir la *légende de la prise de la Bastille* que pour prendre la Bastille elle-même. Mais enfin, aujourd'hui, de cette vieille légende plus rien ne reste, pas même une pierre sur laquelle un héritier de Palloy puisse écrire le nom de ce *vainqueur* glorieux entre tous, le cuisinier Desnot, qui coupa le cou au gouverneur, M. de Launay, avec un petit couteau de poche. Grâce à quelques vrais érudits, à quelques historiens dignes de ce nom, nul n'ignore à présent que la Bastille n'a pas été prise « par le peuple, par le peuple tout entier », comme le dit Michelet dans son étrange *Histoire de la Révolution*, mais par quelques soldats révoltés et par quelques *vainqueurs civils*, badauds et curieux, transformés par le hasard d'un jour en preneurs de citadelles. Elle a été prise sans avoir été défendue. Cette facile victoire a été déshonorée par de lâches assassinats : on a égorgé une vingtaine de malheureux et porté au bout des piques sept ou huit têtes. Les *vainqueurs*, je parle des plus honnêtes, ont passé leur vie à quémander des récompenses, des médailles, de l'argent, des pensions [1]. Les autres, les *vrais* vain-

[1] Victor Fournel, *les Hommes du 14 juillet*; Calman-Lévy, éditeur, 1890. — *La prise de la Bastille*, par Gustave Bord.; H. Champion, éditeur, 1882.

queurs, ceux dont l'histoire a retenu les noms, sont des gens perdus de crimes, des émules du cuisinier Desnot : Stanislas Maillard, Fournier l'Américain, le *général* Santerre, le *général* Rossignol, le représentant du peuple Léonard Bourdon, le clerc de procureur Parein, qui présida des commissions militaires en Vendée et à Lyon, rivalisant de cruauté, ici avec Collot-d'Herbois, là avec Carrier [1].

Aujourd'hui tout cela est connu, et je n'y veux pas revenir. Je voudrais, sans m'arrêter davantage à la journée du 14 juillet, rechercher ce que fut la Bastille sous Louis XVI. Était-ce alors, comme on l'a prétendu, un « antre horrible », une « caverne affreuse », la plus épouvantable des géhennes ? Était-ce, au contraire, une prison clémente, douce entre toutes, et telle que depuis on n'a pas revu sa pareille ? La question, ce me semble, vaut la peine d'être éclaircie. Mais, avant de l'aborder, je tiens à mettre sous les yeux du lecteur les peintures qu'ont faites de la vieille prison royale les historiens révolutionnaires, et en particulier MM. Louis Blanc et Michelet.

I

Écoutons d'abord Michelet :

La Bastille méritait bien cette haine, la haine du peuple. Il y avait bien d'autres prisons, mais celle-ci, c'était celle de l'arbitraire capricieux, du despotisme fantasque, de l'inquisition ecclésiastique et bureaucratique. La cour avait fait de la Bastille le domicile des libres esprits, la prison de la pensée. Moins remplie sous Louis XVI, elle avait été plus dure (la promenade fut ôtée aux prisonniers),

[1] Voy., dans le *Correspondant* du 10 juillet 1891, notre article sur *les Hommes du 14 juillet et l'événement de Varennes*.

plus dure et non moins injuste : on rougit pour la France d'être
obligé de dire que le crime d'un des prisonniers était d'avoir donné
un secret utile à notre marine ! On craignait qu'il ne le portât
ailleurs [1].

La Bastille une fois prise, tout le monde l'alla voir.
« On visitait ces tours sinistres, ces cachots noirs, profonds, fétides, où le prisonnier, au niveau des égouts,
vivait assiégé, menacé des crapauds, des rats, de toutes
les bêtes immondes [2]. »

Mais cette description de Michelet a une couleur
d'idylle, si on la compare à celle de Louis Blanc :

On raconte, écrit ce dernier, que Caligula disait à ses bourreaux : « Frappez de manière qu'on se sente mourir; » on se sen-
tait mourir à la Bastille. Un soupirail, pratiqué dans des murs de
dix à douze pieds d'épaisseur et fermé par trois grilles à barreaux croisés, ne transmettait à la plupart des chambres que ce
qu'il faut de lumière pour qu'on en regrette l'absence. Il y avait
des réduits à cages de fer... Mais rien de comparable aux cachots
du bas, affreux repaires de crapauds, de lézards, de rats monstrueux, d'araignées. De ces cachots, dont l'ameublement consis-
tait en une énorme pierre recouverte d'un peu de paille et qui
étaient enfoncés de dix-neuf pieds au-dessous du niveau de la
cour, plusieurs n'avaient d'autre ouverture qu'une barbacane donnant sur le fossé où se dégorgeait le grand égout de la rue Saint-
Antoine. De sorte qu'on y respirait un air empesté, en compagnie
d'animaux hideux, au sein des ténèbres...

Mais qu'étaient-ce que ces souffrances physiques des captifs au
prix de leurs douleurs morales, de cette agonie sans limite assi-
gnée, sans mesure connue, dont rien ne venait rompre l'écrasante
uniformité ? Car, le pont-levis de la cour intérieure une fois franchi,
c'en était fait du prisonnier. Enveloppé des ombres les plus
sinistres du mystère, condamné à une ignorance absolue, formidable, et du délit qui lui était imputé, et du genre de supplice qui
l'attendait, il avait cessé d'appartenir à la terre. Plus d'amis, plus
de famille, plus de patrie, plus d'amour. Pour lui désormais tout
l'univers allait être dans les porte-clefs farouches qui lui appor-

_______________

[1] Michelet, t. I, p. 187.
[2] *Ibid.*, p. 253.

teraient ses aliments ou dans les infortunés dont il devinerait la
présence au fracas des portes roulant sur leurs gonds, au grince-
ment des verrous prolongé par le vide sonore des tours. Ce qui
n'avait pas d'écho, c'était le bruit des supplications ; ce qui ne

Prise de la Bastille, le 14 juillet 1789.

perçait pas l'épaisseur des voûtes, c'était le son des paroles amies !
Il arriva que des enfants portèrent le deuil de leur père sans se
douter qu'ils vivaient au-dessus de lui.

Encore si, par un coup de désespoir, on avait pu se faire à soi-
même son destin ! Mais non : une prévoyance barbare refusait au
prisonnier tout moyen de suicide. « On ne laisse à un prisonnier,

5

dit Linguet, ni ciseaux, ni couteaux, ni rasoirs. Quand on lui sert les aliments que ses larmes arrosent, il faut que le porte-clefs lui coupe chaque fois les morceaux. » Mourir de faim, cela même ne se pouvait pas. Latude étant resté cent trente-trois heures sans manger ni boire, ses bourreaux lui ouvrirent la bouche avec des clefs et lui firent, par violence, avaler de la nourriture : la vie de chaque victime était probablement considérée comme la propriété des persécuteurs, comme leur proie inviolable. Ainsi donc, à moins d'un caprice de clémence, il fallait vivre à se ronger le cœur. Malheureux! ils étaient si complétement retranchés du nombre des humains, que souvent l'opprimé continuait de crier miséricorde quand l'oppresseur se trouvait déjà enterré depuis longtemps. Il y en eut qui, fous de douleur, écumant de rage, finirent par laisser leur poussière à la Bastille, quoiqu'il ne leur restât plus d'ennemi, et uniquement parce qu'ils avaient été oubliés [1]!

Lorsque M. Louis Blanc et M. Michelet se sont trouvés, dans leurs livres, en présence de cette question de la Bastille, et qu'ils ont eu à la traiter, *leur siège était fait.* Tout au plus ont-ils feuilleté les *Mémoires* de Latude et ceux de Linguet, — les mémoires d'un fou [2] et ceux d'un journaliste de mauvaise foi [3]. Quant à étudier les faits, à remonter aux sources, à consulter les documents et les pièces d'archives, ils s'en sont bien gardés. Ne savaient-ils pas d'ailleurs qu'ils pouvaient compter sur la crédulité de leurs lecteurs, et que nous sommes dans un temps où la calomnie a toute licence, où le mensonge se peut étaler, sans avoir à craindre des contradicteurs? Voici pourtant qu'un érudit s'est trouvé qui, pendant de longues années, vivant au milieu même des archives de la Bastille, les a classées et cataloguées;

[1] Louis Blanc, *Histoire de la Révolution*, t. II, p. 343 et suivantes.

[2] Sur *Latude*, voy. le remarquable article de M. Frantz Funck-Brentano, dans la *Revue des Deux-Mondes* du 1er octobre 1889.

[3] Un contemporain a pu dire des *Mémoires* de Linguet sur la Bastille : « C'est le mensonge le plus long qui ait été imprimé. » (*Observations sur l'histoire de la Bastille publiée par M. Linguet*, 1789, p. 49.) — Voy. aussi La Harpe, *Correspondance littéraire*, t. IV, p. 118.

qui ne s'en est pas tenu là, qui a lu, étudié ces milliers
de pièces, et qui a dit, preuves en main, la vérité sur la
Bastille, — la vérité qui est justement le contraire de ce
qu'affirment les historiens révolutionnaires. C'est au
moment où le centenaire et l'exposition de 89 battaient
leur plein, que ce galant homme, M. Frantz Funck-
Brentano, a porté ce rude coup à la Bastille révolutionnaire, à celle de MM. Louis Blanc et Michelet. Déjà,
quelques années auparavant, dès 1880, M. Alfred Bégis
avait publié, dans la *Nouvelle Revue*, un document qui
éclairait d'une vive lumière cette question de la Bastille.
D'autres documents non moins précieux avaient été mis
au jour, en 1883, par M. Gustave Bord, dans la *Revue
de la Révolution*[1]. M'aidant de ces travaux, les complé-
tant à l'occasion, j'essayerai de redresser les erreurs,
de réfuter la légende. Je m'en tiendrai, du reste, à ce
qui fait l'objet du présent chapitre, à la *Bastille sous
Louis XVI*.


## II


« Le pont-levis de la cour intérieure une fois franchi,
écrit M. Louis Blanc, c'en était fait du prisonnier. Enveloppé des ombres les plus sinistres du mystère, *condamné à une ignorance absolue, formidable, et du délit
qui lui était imputé*, et du genre de supplice qui l'attendait, il avait *cessé d'appartenir à la terre*. » Rien de
moins exact. La règle voulait que tout nouvel arrivant

---

[1] *La Vie à la Bastille*, par F. Funck-Brentano, sous-bibliothécaire à la
bibliothèque de l'Arsenal. (*La Réforme sociale*, juillet 1889.) — *Le Registre
d'écrou à la Bastille de 1782 à 1789*, par Alfred Bégis. (*Nouvelle Revue*,
du 1er décembre 1880.) — *Liste des prisonniers enfermés à la Bastille sous
Louis XVI*, par Gustave Bord. (*Revue de la Révolution*, année 1883.)

fût interrogé dans les vingt-quatre heures. C'est ce que reconnaît l'auteur peu suspect de la *Bastille dévoilée* [1]. M. Funck-Brentano a eu en main les interrogatoires des prisonniers : il constate que les juges les questionnaient avec bienveillance, les engageant à ne pas se troubler et à relire soigneusement leur interrogatoire avant d'y apposer leur signature. Les témoignages de prisonniers se louant de leurs juges abondent aux archives de la Bastille [2]. Quand l'affaire était d'importance et le prisonnier de marque, il comparaissait devant une commission spéciale. Dans les affaires ordinaires, un commissaire au Châtelet entendait les détenus et envoyait leur interrogatoire revêtu de leur signature au lieutenant de police; il devait toujours accompagner cette pièce de son opinion motivée. Le lieutenant de police décidait alors si l'arrestation serait ou non maintenue [3]. Les mises en liberté à la suite des premiers interrogatoires étaient fréquentes. Elles atteignent sous Louis XVI le chiffre de 20 pour 100 [4].

« Pour le prisonnier, continue M. Louis Blanc, plus d'amis, plus de famille, plus de patrie.» La réalité, nous l'allons voir, était beaucoup moins navrante.

Les interrogatoires terminés, le prisonnier obtenait assez facilement la permission de voir ses parents et ses amis. « Les lettres écrites par le lieutenant de police

[1] «... L'interrogatoire d'usage dans les vingt-quatre heures... » ( *La Bastille dévoilée*, fascicule II, p. 91.) — *La Bastille dévoilée, ou recueil des pièces authentiques pour servir à son histoire*. Paris, chez Desenne, au Palais-Royal, 1798. Par Pierre-Louis Manuel, homme de lettres, procureur de la Commune, député de Paris à la Convention, guillotiné le 14 novembre 1793.

[2] « Nous avons trouvé, dit M. Funck-Brentano, bien des témoignages de prisonniers se louant de leurs juges. » ( *La Vie à la Bastille*, p. 11.) — Voy. le témoignage de Manuel lui-même, *Bastille dévoilée*, fascicule III, p. 134, note 1.

[3] Funck-Brentano, p. 11.

[4] Gustave Bord, *Revue de la Révolution*, novembre 1883.

pour accorder les autorisations sont innombrables [1]. Le lieutenant de police et les officiers du château [2] veillaient à ce que la fortune et les affaires du détenu souffrissent le moins possible de son séjour à la Bastille. Si les affirmations de M. Funck-Brentano sur ce point n'étaient appuyées sur des documents authentiques, sur des pièces sans nombre, ce serait à n'y pas croire. Comme il y avait un médecin de la Bastille, il y avait aussi un notaire de la Bastille, toujours à la disposition des prisonniers [3].

On voit s'il est exact de dire, comme le fait M. Louis Blanc, que « le prisonnier avait *cessé d'appartenir à la terre* ». Mais ce qui désole surtout le sensible historien, c'est que l'amour n'avait pas ses grandes entrées à la Bastille. « Pour le prisonnier, s'écrie-t-il, *plus d'amour!* » Que n'ajoute-t-il avec la Fontaine :

> Plus d'amour, partant plus de joie !

Il faut croire que M. Louis Blanc n'avait jamais lu les *Mémoires* de Bussy-Rabutin. Il y aurait vu que sa chambre à la Bastille n'était rien moins qu'une cellule cénobitique : il y recevait force visites, y donnait des dîners, y nouait des intrigues galantes. « Comme nous sortions de table, écrit-il, ce même laquais m'apporta une lettre que lui venait de donner la femme en cape [1]. » Et les *Mémoires* de M^me de Staal (M^lle de Launay), enfermée à la Bastille à l'occasion de la conspiration de Cellamare, M. Louis Blanc ne les avait donc pas lus non plus ? Il ne s'était donc pas donné le régal de ces pages exquises, du petit roman de M^lle de Launay et du che-

---

[1] Funck-Brentano, p. 13.

[2] Les officiers du château de la Bastille étaient : le capitaine-gouverneur, le lieutenant du roi, le major et l'aide-major.

[3] Funck-Brentano, p. 15.

[1] *Mémoires* de Bussy-Rabutin, t. II, p. 384-406.

valier de Mesnil, gracieuse idylle éclose comme une giroflée entre les fentes des murailles de la vieille forteresse [1]? Je sais bien que la captivité de Bussy-Rabutin remonte à Louis XIV, et celle de Mlle de Launay à la Régence. Il est possible que sous Louis XVI les choses eussent changé et que le roman eût cessé de fleurir à la Bastille. Cela tenait-il à ce que la surveillance était devenue plus sévère à l'endroit des intrigues amoureuses? Dans ce cas, je n'y verrais pas grand mal. Mais il se pourrait bien que cela tînt aussi à une autre cause, que M. Louis Blanc n'a point dite et que j'indiquerai tout à l'heure.

Accordons-lui pourtant, s'il y tient, qu'il a eu raison de s'écrier : *Plus d'amour!* C'est un trait que M. Michelet a dû lui envier; reste, du moins, qu'il a eu tort d'écrire : « Plus d'amis, plus de famille ! » Je trouve, sur le *Registre d'écrou* du major de Losme, les mentions suivantes :

Le 16 mars 1784. — Mme la marquise de Sade est venue à quatre heures, est restée jusqu'à sept avec le sieur marquis, son mari, sur une permission de M. Lenoir[2], datée de ce jour, pour voir son mari deux fois par mois; elle doit revenir le 27.

Le 24 mai. — La dame marquise de Sade est venue à quatre heures et a été jusqu'à six avec le sieur marquis de Sade, son mari. Elle lui a apporté six coeffes de bonnet, six grosses plumes taillées, six de coq et vingt et un cahiers de papier réglé, et aussi elle lui a apporté, mais pour rendre, deux comédies brochées et trois volumes reliés de relations de voyages à Maroc, et de voyages pour la rédemption des captifs.

Le 15 juin 1788. — Le sieur marquis de Sade a eu la visite de la dame son épouse.

Le 28 juillet 1789. — M. de la Fruglaye, le fils, ayant obtenu la

---

[1] *Mémoires* de Mme de Staal, édition de 1755, t. II, p. 148-250.

[2] M. Lenoir, lieutenant de police, de 1774 à 1785, un des hommes les plus éminents de son temps, et l'un des plus hommes de bien. (Voy. *Biographie universelle* de Michaud.)

permission de venir s'enfermer avec monsieur son père[1], il y a eu un combat de tendresse qui a fini par l'ordre qu'a donné le père au fils, auquel il a fallu obéir, de s'en retourner ou de rester à Paris.

Le 12 septembre. — M. de la Fruglaye a eu la visite de son fils, à qui M. le gouverneur a permis de dîner avec son père et les cinq autres de ces messieurs qui formaient la table[2].

M. Louis Blanc a eu tort également d'écrire : « Pour le prisonnier désormais tout l'univers allait être dans les porte-clefs farouches qui lui apporteraient ses aliments.» Les détenus étaient presque toujours autorisés à se faire servir par leurs propres domestiques, lorsque ceux-ci consentaient à partager la captivité de leur maître. Je vois, par exemple, que M<sup>me</sup> de Saint-Vincent, entrée le 25 juillet 1774, avait obtenu de garder près d'elle sa servante Marion. M<sup>me</sup> de Saint-Vincent ne resta que cinq jours à la Bastille. Dès le 30 juillet, elle rentrait à son couvent. Au mois de novembre de la même année, un sieur Ruthio, qui ne resta lui-même que vingt jours, conservait près de lui son valet de chambre, Duport. Un sieur Pallebot de Saint-Lubin, garçon chirurgien, qui avait trahi la France dans les Indes et était passé au service de l'Angleterre, fut emprisonné à la Bastille pendant quinze mois (janvier 1781-avril 1782). On lui laissa pendant tout ce temps son domestique nègre, Narcisse. Trois des domestiques du cardinal de Rohan, Brandner, Schreiber et Liégeois, furent admis à lui continuer leurs services durant les neuf mois de sa détention. Ainsi en fut-il également de Rasin, domestique du comte de Kersalaun; ce dernier, compromis dans l'affaire du parlement de Bretagne, ne fut guère détenu qu'un

[1] Un des douze gentilshommes bretons enfermés à la Bastille au mois de juillet 1788.

[2] *Le Registre d'écrou de la Bastille de 1782 à 1789*, par Alfred Bégis, pp. 15, 16, 17, 25.

mois (5 septembre-8 octobre 1787). Une modiste de
Paris, M<sup>lle</sup> Saudo, chez laquelle on avait saisi, dans un
envoi de modes venant de Londres, une grande quantité
d'exemplaires d'une brochure prohibée, subit trois mois
de détention (8 janvier-8 avril 1788). La fille Mangin,
sa femme de chambre, ne la quitta pas d'un seul jour[1].
Le 15 juillet 1788, douze gentilshommes bretons furent
arrêtés, comme l'avait été précédemment M. de Kersalaun, à l'occasion de l'affaire du parlement de Rennes.
Sur le *registre* du major de Losme, on lit à cette date
du 15 juillet : « M. de Crosne[2], qui a visité les douze
gentilshommes, a reçu d'eux différentes lettres... Il a
trouvé bon que trois de ces messieurs qui avaient leurs
domestiques les gardassent[3]. »

L'administration ne se bornait pas à permettre ainsi
aux détenus d'amener leurs domestiques; elle prenait
à sa charge la nourriture et l'entretien de ces prisonniers
volontaires. Dumouriez dit, dans ses *Mémoires,* écrits,
comme on le sait, à la troisième personne : « Le gouverneur lui apprit que le roi payait quinze livres par jour
pour lui, et trois livres pour chacun de ses deux domestiques; qu'ainsi, dans le cas où il ne serait pas bien
traité, il n'avait qu'à se plaindre à lui. Dumouriez, en
entrant en prison, avait voulu renvoyer ses domestiques,
qu'on n'avait pas ordre d'arrêter; ils avaient refusé leur
liberté, préférant suivre le sort de leur maître[4]. » Voici
qui est mieux encore. A certains détenus que leurs domestiques n'avaient pas cru devoir suivre, le gouverneur
accordait des valets de chambre, dont l'administration

---

[1] Gustave Bord, *Revue de la Révolution*, février 1883.

[2] M. de Crosne, lieutenant de police, après M. Lenoir, de 1786 à 1789,
« un des hommes les plus libéraux et les plus respectés de Paris. » (Taine,
*la Révolution*, t. I, p. 54.) — M. de Crosne fut guillotiné le 28 avril 1794.

[3] Alfred Bégis, *le Registre d'écrou de la Bastille*, p. 24.

[4] *Mémoires* de Dumouriez, t. I, p. 159.

payait l'entretien et les gages. Et cette faveur n'était point réservée comme un privilège aux prisonniers de distinction ; les prisonniers de condition inférieure étaient quelquefois admis à en bénéficier.

Les attentions, les *égards* même[1] (le mot est de M. Funck-Brentano) étaient, en mainte rencontre, portés à ce point que les officiers du château veillaient à ce que le détenu ne s'ennuyât pas trop. Le 23 août 1785, Cagliostro, compromis dans l'affaire du Collier, avait été conduit à la Bastille. Le registre d'écrou porte, à la date du 29 août : « Sur l'apparence du désespoir et des propos tenus par le sieur Cagliostro, écrit à M. de Crosne que ce prisonnier demandait un garde qui pût *le désennuyer* et l'empêcher d'effectuer ses idées noires. M. de Crosne a écrit à M. le gouverneur de mettre auprès de lui un bas officier, doux, exact et ferme, ce qui a été exécuté à dix heures du soir[2]. »

## III

On doit bien se douter déjà que, dans une prison où les choses se passaient de la sorte, les prisonniers n'étaient pas renfermés dans ces cachots sinistres que MM. Louis Blanc et Michelet nous ont dépeints, on se rappelle en quels termes : « Cachots noirs, profonds,

[1] Dumouriez raconte dans ses *Mémoires* (t. 1, p. 170) qu'un porte-clefs s'étant permis de le tutoyer, le gouverneur, M. de Jumilhac, ordonna sur-le-champ qu'il fût cassé. « Jumilhac entre ; Dumouriez va se jeter dans ses bras, et lui conte son aventure. Il le prie d'entendre ce que ce porte-clefs dira pour sa justification. Celui-ci a la bêtise d'avouer qu'il s'est servi du mot *toi*. Le gouverneur, indigné, ordonne au major de le casser. Ce malheureux se jette à genoux ; il était père de famille. Dumouriez demande sa grâce. Le gouverneur veut au moins qu'il soit au cachot : il le caresse, insiste et obtient grâce entière. »

[2] *Le Registre d'écrou de la Bastille*, par Alfred Bégis.

fétides, où le prisonnier, au niveau des égouts, vivait assiégé, menacé des crapauds, des rats, de toutes les bêtes immondes! » Ainsi dit Michelet, et à peine a-t-il fait silence que Louis Blanc reprend à son tour, — *amant alterna Camenæ :* — « Cachots affreux, repaires de crapauds, de lézards, de rats monstrueux, d'araignées! Cachots dont plusieurs n'avaient d'autre ouverture qu'une barbacane donnant sur le fossé où se dégorgeait le grand égout de la rue Saint-Antoine! Cachots où l'on respirait un air empesté, en compagnie d'animaux hideux, au sein des ténèbres! »

M. Funck-Brentano n'est ni un poète comme Michelet, ni un graveur à l'eau-forte comme M. Louis Blanc; c'est un archiviste qui dit simplement des choses exactes. Écoutons-le donc à son tour.

L'intérieur de chacune des huit tours de la Bastille était divisé en cinq étages. Les chambres de l'étage inférieur pouvaient vraiment être appelées *cachots*. Elles ne recevaient le jour que par un soupirail qui donnait dans les fossés du château. Mais si on y avait enfermé, sous Louis XIV, les prisonniers de la plus basse classe et les *criminels de mort*[1]; si elles avaient servi, sous Louis XV, à enfermer les prisonniers coupables d'avoir assommé leurs gardiens, ou les porte-clefs qui avaient manqué à leurs devoirs, soit vis-à-vis des officiers du château, soit vis-à-vis des prisonniers eux-mêmes; sous Louis XVI, on n'y mettait plus personne, en aucun cas et pour quelque cause que ce fût[2]. Celui qui devait être un jour le prisonnier du Temple ne cessa, durant son règne, de se préoccuper du sort des prisonniers et de l'état des prisons. La Déclaration royale du 30 août 1780 dit dans

---

[1] Registre d'écrou tenu par Étienne du Junca, lieutenant du roi à la Bastille, du 11 octobre 1690 au 20 août 1705.

[2] Funck-Brentano, p. 9.

son préambule[1] : « Plein du désir de soulager les malheureux et de prêter une main secourable à ceux mêmes qui ne doivent leur infortune qu'à leur égarement, nous avons été touché depuis longtemps de l'état des prisons dans la plupart des villes de notre royaume; et nous avons, malgré la guerre, contribué de nos propres deniers à diverses reconstructions... Nous ne les perdrons pas de vue lorsque la paix nous fournira de nouveaux moyens; cependant, informé plus particulièrement du triste état des prisons de notre capitale, nous n'avons pas cru qu'il nous fût permis de différer d'y porter remède... » Des améliorations sensibles furent apportées, et l'auteur d'un curieux petit livre publié sous ce titre : *Paris en miniature*, pouvait écrire en 1784 : « Mais parlons de quelque chose de plus solide et qu'on n'ébranle pas comme on veut, des prisons! La bienfaisance de Louis XVI les rend presque agréables. Espace, propreté, salubrité, tout s'y trouve[2]. »

Sous un tel prince, avec des ministres tels que Turgot, Malesherbes, Necker, les *cachots* de la Bastille devaient nécessairement rester sans emploi. Dès son premier ministère (1776), Necker avait formellement interdit d'y enfermer personne. Même défense de la part de M. de Breteuil, ministre de la maison du roi[3]. Pas un seul prisonnier, pas un seul guichetier n'y avait été mis depuis que les porte-clefs en fonction au 14 juillet 1789 étaient entrés en exercice[4], et il y en avait qui étaient là depuis quatorze ans[5].

---

[1] *Les Réformes sous Louis XVI*, par Ernest Sémichon, p. 417.

[2] *Paris en miniature, d'après les dessins d'un nouvel Argus*. A Amsterdam, MDCCLXXXIV. Un vol. in-32 de 150 pages.

[3] Victor Fournel, *op. cit.*, p. 17.

[4] Alfred Bégis, communication à l'*Intermédiaire des chercheurs et curieux* (avril 1880).

[5] Cela n'empêche pas M. Michelet, qui tient à ses *cachots*, d'écrire dans

Si les chambres de l'étage inférieur étaient trop froides et trop humides, celles de l'étage supérieur, qu'on appelait les *calottes,* étaient trop chaudes en été. On ne se servait jamais des cachots et presque jamais des *calottes.* Les prisonniers étaient placés, — *ni trop haut ni trop bas,* — dans les chambres intermédiaires, vastes, hautes et claires. Elles avaient à peu près quinze pieds en tous sens et au moins ving-cinq pieds de hauteur. Elles prenaient jour par des fenêtres grillées, de vingt-deux pieds de haut et s'ouvrant en trois parties [1]; on y accédait par trois marches. Chacune de ces chambres était chauffée par une cheminée ou par un poêle [2].

Sous Louis XVI, elles étaient presque toujours meublées, et le nombre de celles qui l'étaient dépassa toujours de beaucoup le chiffre des prisonniers. Un lit de serge verte avec rideaux, une ou deux tables, plusieurs chaises, des chenets, une pelle et de petites pincettes [3],

son récit de la prise de la Bastille (*Histoire de la Révolution,* liv. I, ch. vii) : « On alla *vite* aux *cachots* délivrer les prisonniers; deux étaient *devenus* fous. » *Trois* erreurs en *deux* lignes. Les *vainqueurs,* beaucoup moins pressés de délivrer les prisonniers que de faire parade des trophées de leur victoire, commencèrent par promener à travers les rues les trousseaux de clefs qu'ils avaient arrachés aux guichetiers, sans prendre autrement souci de délivrer les prisonniers. Il fallut enfoncer les portes des chambres. Les *cachots,* nous l'avons vu, étaient restés sans emploi sous Louis XVI. Tout au plus, les officiers du château y avaient-ils fait descendre, le 14 juillet, au moment de la fusillade, deux prisonniers, Tavernier et Béchade, dans la crainte qu'il ne leur arrivât malheur. Et encore ce fait, assez vraisemblable et que rapportent quelques relations du temps, n'est-il pas prouvé. Quant aux deux prisonniers *devenus* fous pendant leur détention à la Bastille, Tavernier et Whyte de Malleville, ils étaient fous avant d'y entrer. (Fournel, *op. cit.,* p. 122-123.) — Le lecteur aura remarqué que M. Michelet se garde bien de dire que l'on ne trouva à la Bastille, le 14 juillet, que *sept* prisonniers. Ce chiffre contrarie sa thèse : il le supprime.

[1] Dumouriez, *Mémoires,* t. I, p. 158.

[2] « Il arriva à la Bastille à neuf heures du soir... Un porte-clefs ou geôlier, très grossier et très robuste, lui alluma du feu... Ce nouvel appartement avait une antichambre. C'était une fort belle chambre de vingt-six pieds de long sur dix-huit de large, avec une fort bonne cheminée. » (Dumouriez, t. 1, p. 176.)

[3] *La Bastille dévoilée,* fasc. II, p. 25.

tel était l'ameublement que le détenu trouvait en entrant;
mais il était libre de faire venir des meubles du dehors.
Beaucoup usaient de cette faculté. Les inventaires des
objets appartenant aux prisonniers ont été conservés.
On y voit figurer des commodes, des pupitres, des gué-
ridons, des nécessaires, des fauteuils, des coussins en
velours d'Utrecht. Les *vainqueurs* ne laissèrent pas d'être
stupéfaits en trouvant ces « fauteuils » et ces « coussins
en velours d'Utrecht », là où ils ne s'attendaient à voir
que « la paille humide des cachots ». Un contemporain,
le Cousin Jacques (Beffroy de Reigny), qui écrivit sous
la dictée des vainqueurs eux-mêmes le *Précis de la prise
de la Bastille,* a naïvement traduit leur étonnement.
« On croyait, dit-il, qu'aucune prison n'offrait un spec-
tacle plus affreux, » et l'on pénétrait dans des chambres
très convenablement installées. « La prise de la Bastille,
ajoute l'honnête Cousin Jacques, a dessillé les yeux du
public sur l'espèce de captivité qu'on y éprouvait[1]. »


## IV


Le gîte était passable, soit; mais la nourriture? « Ce
que nous trouvons de plus inattendu dans l'histoire de
la Bastille, dit M. Funck-Brentano, c'est la manière dont
les prisonniers étaient nourris et soignés. Le gouverneur
touchait pour l'entretien d'un bourgeois cinq livres par
jour; d'un financier, d'un homme de lettres, dix livres...,
et ces chiffres doivent être triplés pour atteindre la
valeur qu'ils représenteraient aujourd'hui[2]. » Veut-on

---

[1] Cousin Jacques, *Histoire de France pendant trois mois*, p. 84. Cité par
Victor Fournel, *Les Hommes du 14 juillet*, p. 118.

[2] *La Vie à la Bastille*, p. 15.

mettre sous ces chiffres des faits, des détails précis?
Veut-on savoir, par exemple, comment étaient traités
les hommes de lettres? Marmontel va nous l'apprendre,
c'est une des plus jolies pages de ses *Mémoires*.

Me voilà donc, dit-il, au coin d'un bon feu, méditant la querelle
de César et de Pompée, et oubliant la mienne avec le duc d'Au-
mont. Voilà de son côté Bury, mon valet de chambre, aussi philo-
sophe que moi, s'amusant à faire nos lits, placés dans les deux
angles opposés de ma chambre, éclairée en ce moment par un
beau jour d'hyver, nonobstant les barreaux de deux fortes grilles
de fer, qui me laissaient la vue du faubourg Saint-Antoine. Deux
heures après, les verrous de deux portes qui m'enfermaient me
tirent, par leur bruit, de ma profonde rêverie, et deux geôliers
chargés d'un dîner que je crois le mien viennent le servir en
silence. L'un dépose devant le feu trois petits plats couverts d'as-
siettes de faïence commune, l'autre dépose sur celle des deux
tables qui était vacante un linge un peu grossier, mais blanc.
Je lui vois mettre sur cette table un couvert assez propre, cuiller
et fourchette d'étain, du bon pain de ménage et une bouteille de
vin. Leur service fait, les geôliers se retirent, et les deux portes
se referment avec le même bruit des serrures et des verrous. Alors
Bury m'invite à me mettre à table, et il me sert la soupe. C'était un
vendredi : cette soupe en maigre était une purée de fèves blanches,
au beurre le plus frais, et un plat de ces mêmes fèves fut le premier que Bury me servit. Je trouvai tout cela très bon. Le plat de
morue qu'il m'apporta pour le second service était meilleur encore.
La petite pointe d'ail qui l'assaisonnait avait une finesse de saveur
et d'odeur qui aurait flatté le goût du plus friand Gascon. Le vin
n'était pas excellent, mais il était passable. Point de dessert. Il fallait bien être privé de quelque chose. Au surplus je trouvai qu'on
dînait fort bien en prison.

Comme je me levais de table, et que Bury allait s'y mettre (car
il y avait encore à dîner pour lui dans ce qui restait), voilà mes
deux geôliers qui rentrent avec des pyramides de nouveaux plats
dans les mains. A l'appareil de ce service, en beau linge, en belle
faïence, cuiller et fourchette d'argent, nous reconnûmes notre
méprise; mais nous ne fîmes semblant de rien, et lorsque nos
geôliers, ayant déposé tout cela, se furent retirés : « Monsieur, me
dit Bury, vous venez de manger mon dîner, vous trouverez bon

qu'à mon tour je mange le vôtre. — Cela est juste, » lui répondis-
je, et les murs de ma chambre furent, je crois, bien étonnés d'entendre rire. Ce dîner était gras, en voici le détail : un excellent
potage, une tranche de bœuf succulent, une cuisse de chapon
bouilli ruisselant de graisse et fondant, un petit plat d'artichauts
frits en marinade, un d'épinards, une très belle poire de crassane,
du raisin frais, une bouteille de vin vieux de Bourgogne et du
meilleur café de moka; ce fut le dîner de Bury, à l'exception du
café et du fruit, qu'il voulut bien me réserver [1].

Que ce fût là l'*ordinaire* de la Bastille, même pour les
détenus de distinction, je n'en voudrais pas répondre,
et je crois bien que l'auteur des *Contes moraux* était
surtout redevable de ces douceurs à l'admiration du
gouverneur pour son talent. Nombreux cependant sont
les témoignages qui concordent avec celui de Marmontel [2]. Je citerai, entre autres, celui de Dumouriez. « *On
était*, dit-il, *fort bien nourri à la Bastille;* il y avait toujours cinq plats pour le dîner, trois pour le souper, sans
le dessert; ce qui, servi en ambigu, paraissait magni-
fique [3]. » Mais Dumouriez, comme Marmontel, fut enfermé
sous le règne de Louis XV [4], et c'est celui de Louis XVI
seul qui doit nous occuper. Sous Louis XVI, les cuisines
de la Bastille continuèrent de chauffer dans les mêmes
conditions que sous son prédécesseur. Les *Révolutions
de Paris,* la feuille ultra-démagogique de Prudhomme,
publia, au mois de janvier 1790, la *Relation* de Poultier
d'Elmotte, qui fut détenu du 9 mars au 17 avril 1778.
On y lit le passage suivant : « De Launay, le gouverneur, venait causer amicalement avec moi; il me deman-

[1] *Mémoires* de Marmontel, édition Didot, p. 251.
[2] Marmontel ne resta que onze jours à la Bastille.
[3] *Mémoires* de Dumouriez, t. I, p. 178.
[4] En 1773. Le gouverneur de la Bastille était alors M. de Jumilhac, qui
remplit les mêmes fonctions pendant les premières années du règne de
Louis XVI. « C'était, dit Dumouriez, un ancien militaire et un homme de
plaisir; il était bon, sensible et poli. » (*Mémoires*, t. I, p. 159.)

dait mon goût pour la nourriture et me faisait servir ce que je désirais[1]. » Linguet lui-même, malgré son désir de tout pousser au noir, est obligé de reconnaître que la nourriture qu'on lui servait était abondante[2]. Il était d'ailleurs permis aux prisonniers de se faire apporter du dehors les mets qu'ils désiraient, à la seule condition de s'adresser au traiteur agréé par le lieutenant de police. Parents et amis étaient de plus autorisés à envoyer aux détenus tout ce dont ils étaient friands : vins fins, gibiers, fruits et primeurs. « Chaque jour, dit M. Funck-Brentano, les portes de la Bastille s'ouvraient devant des paniers remplis de victuailles de tous genres[3]. » Le dossier du marquis de Sade renferme ses menus écrits de sa main et portant à la marge ses observations gastronomiques. En voici un échantillon :

LIQUEURS DU SIEUR GILET

| | |
|---|---|
| Eau-de-vie de Bayonne. | *Bonne.* |
| Eeau des Barbades, façon d'Anterre. | *Mauvaise.* |
| Ratafia de Turquie. | *Détestable.* |
| Eau d'angélique de Bohême. | *Ne vaut rien.* |
| Huile de Vénus | *Médiocre.* |

Cet autre mémoire est encore de l'écriture du marquis :

---

[1] *Révolutions de Paris*, t. II, n<sup>os</sup> 29, 30 et 31. (*Histoire de six semaines que M. d'Elmotte a passées à la Bastille en 1778, du 9 mars au 17 avril, avec quelques observations sur le caractère de l'administration de M. Berthier.*)

[2] *Mémoires sur la Bastille et sur la détention de l'auteur dans ce château royal*, par Linguet, p. 81. — Obligé de faire cet aveu, Linguet le rachète en ajoutant que, si on le nourrissait si bien, c'était évidemment afin de l'empoisonner.

[3] *La Vie à la Bastille*, p. 18.

MÉMOIRE DES DÉPENSES FAITES POUR LA 2ᵉ LIBERTÉ[1]
PENDANT LE MOIS D'OCTOBRE 1787

| | | |
|---|---|---|
| Du 1ᵉʳ. — Envoyé chercher une demi-bouteille d'eau de fleurs d'oranger. . . . . . | 3 livres | 2 sols. |
| Du 2. — Payé à Jean. . . . . . . . . . . . . | 1 — | 6 — |
| Du 3. — Une lettre à la petite poste. . . . . . | 0 — | 2 — |
| Id. — 4 livres de grande bougie et 1 de petite. | 15 — | 16 — |
| Id. — 9 plumes taillées. . . . . . . . . . . | 5 — | 9 — |
| Du 4. — Un panier de fraises. . . . . . . . . . | 2 — | 9 — |
| Id. — Des fleurs. . . . . . . . . . . . . | 1 — | 5[2] — |

Un dernier trait. Il achèvera de montrer à quoi servaient, sous Louis XVI, ces caves de la Bastille où MM. Louis Blanc et Michelet veulent absolument qu'on enfermât les prisonniers. Le gouverneur, M. de Launay, les mit à la disposition du marquis de Sade pour y tenir au frais un tonnelet de bon vin que celui-ci venait de recevoir[3]. Il s'agissait, je le crois bien, de cette pièce de vin dont il est parlé dans le *Registre d'écrou* du major de Losme[4]. « Le 20 janvier 1787. — Écrit à Mᵐᵉ la marquise de Sade pour la prier, de la part de M. le gouverneur, d'envoyer une pièce de vin pareil à celui dont elle boit, pour le sieur marquis de Sade, son mari, sous condition expresse d'en payer le prix, et que cette condescendance est pour faire chose agréable audit sieur mar-

---

[1] La chambre du second étage de la tour de la Liberté. — La façade de la Bastille présentait quatre tours vers Paris et quatre vers le faubourg Saint-Antoine. Ces tours portaient les noms de la Comté, du Trésor, de la Bazinière, de la Chapelle, de la Liberté, de la Bertaudière, du Puits et du Coin.

[2] *Une Visite à l'ancienne Bastille*, article de M. Hugues Le Roux, dans le *Temps* du 13 juillet 1888.

[3] *La Vie à la Bastille*, p. 19.

[4] « Le major de Losme, qui fut massacré dans des conditions odieuses le 14 juillet 1789, était vraiment l'ange des prisonniers. » (Funck-Brentano, p. 15.) — Voy. *la Bastille dévoilée*, II, p. 29 et 30. — *La Prise de la Bastille*, par Dusaulx, 1790.

quis de Sade et pour satisfaire au désir qu'il a de boire
d'un vin auquel il était accoutumé[1]. »

Les petites gens sans doute étaient traités avec moins
d'égards; mais même ceux-là mangeaient fort bien.
L'ordinaire des *petites tables* n'était pas seulement abon-
dant, il était varié. Le menu changeait chaque jour de
la semaine. Il comprenait, le dimanche, à dîner : potage,
tranche de bœuf, deux petits pâtés; le soir, tranche de
rôti, haricot de navets, salade. Chaque prisonnier avait
une bouteille de vin par jour[2]. Qu'il fût de la *grande* ou
de la *petite table,* il était admis à formuler ses plaintes
au sujet de sa nourriture. Le lieutenant de police en
faisait presque toujours état, les transmettait au gouverneur, et ne manquait pas de faire demander ensuite au
détenu s'il avait reçu satisfaction[3].

Est-ce à dire que la Bastille fût un lieu de délices,
une hôtellerie où les gens étaient sûrs de trouver toujours *bon souper* et *bon gîte?* Assurément non, et je n'ai
point pris la plume pour faire l'apologie de la vieille
prison d'État. Je crois seulement que c'est ici le lieu de
rappeler cette page de M^me de Staal, racontant son arrivée à la Bastille, où on lui avait permis d'amener avec
elle sa femme de chambre, M^me Rondel :

Nous fûmes barricadées dans cette chambre aussi soigneusement que nous l'avions été dans l'autre. A peine y étions-nous
renfermées, que je fus frappée d'un bruit qui me sembla tout à fait
inouï. J'écoutai assez longtemps pour démêler ce que ce pouvait être.
N'y comprenant rien, et voyant qu'il continuait sans interruption,
je demandai à Rondel ce qu'elle en pensait. Elle ne savait que
répondre; mais s'apercevant que j'en étais inquiète, elle me dit
que cela venait de l'Arsenal, dont nous n'étions pas loin; que

---

[1] *Le Registre d'écrou de la Bastille de 1782 à 1789.*

[2] Cf. *les Remarques et anecdotes de la Bastille*, 1789, et *la Bastille,* par
Dufey, de l'Yonne, 1833, p. 288.

[3] Funck-Brentano, p. 19.

c'était peut-être quelque machine pour préparer le salpêtre. Je l'assurai qu'elle se trompait, que ce bruit était plus près qu'elle ne croyait et très extraordinaire. Rien pourtant de plus commun. Je découvris, par la suite, que cette machine, que j'avais apparemment crue destinée à nous mettre en poussière, n'était autre que le tournebroche que nous entendions ; d'autant mieux que la chambre où l'on venait de nous transférer était au-dessus de la cuisine [1].

Cette histoire n'est-elle pas un peu la nôtre, celle de tous ceux qui, après avoir frissonné devant les peintures de Louis Blanc et de Michelet, se trouveront en présence des belles et solides études de M. Funck-Brentano, de M. Alfred Bégis et de M. Gustave Bord? Ils entendaient tout à l'heure les bruits les plus *extraordinaires,* ils rêvaient de quelque machine terrible, ils se représentaient des scènes de torture et d'horreur. C'était la nuit. Voici le jour. La lumière pénètre à flots à travers les hautes fenêtres de la sombre forteresse. Plus de ténèbres, plus de mystères, plus de terreurs! Nous sommes au-dessus de la cuisine. Ce bruit étrange et sinistre, qui nous faisait pâlir tout à l'heure, c'est le bruit du tournebroche.


## V


On n'était pas seulement nourri à la Bastille, — et nous savons maintenant de quelle manière, — on y était aussi vêtu. Le roi habillait les prisonniers trop pauvres pour se vêtir à leurs frais. Si leurs habits avaient besoin d'être remplacés, ils recevaient, non un uniforme de prison, une grossière et humiliante livrée, mais de bons et solides vêtements, faits sur mesure, et dont ils déterminaient eux-mêmes la couleur et la façon. Le détenu

[1] *Mémoires* de M<sup>me</sup> de Staal, t. II, p. 95.

ne payait pas, mais c'était lui qui faisait la commande, qui la faisait suivant ses goûts, et si l'on ne s'y conformait, il était rare qu'il ne réclamât pas. On trouve, dans les dossiers de la Bastille, des lettres comme celle-ci, écrite par un prisonnier nommé Hugonnet :

Monsieur le major, les chemises que l'on m'a apportées hier ne sont point celles que j'ai demandées, car il me ressouvient d'avoir écrit *fines* et avec des *manchettes brodées;* celles-ci sont tout au plus bonnes pour un porte-clefs. C'est pourquoi je vous prie de les renvoyer à M. le commissaire, qu'il les garde; pour moi je n'en veux point[1].

Les prisonniers, on le pense bien, se montraient encore plus difficiles, et pourtant le commissaire chargé du soin des fournitures ne plaignait pas sa peine, non plus que sa femme, comme on le peut voir dans les lettres de M. le commissaire de Rochebrune, conservées à la bibliothèque de l'Arsenal, où elles ne forment pas moins de deux volumes. C'est de là que M. Funck-Brentano a tiré cette jolie anecdote. Une prisonnière, la dame Sauvé, désirait qu'on lui fît une robe de soie blanche, *semée de fleurs vertes.* M^me de Rochebrune court tous les magasins de Paris. Ses recherches ont été vaines. Elle écrit au major de la Bastille une lettre désespérée. Elle n'a pu trouver chez aucune modiste l'étoffe demandée; ce qu'elle a découvert s'en rapprochant le plus, c'est une soie blanche *rayée de lignes vertes,* et si la dame Sauvé veut bien s'en contenter, la modiste viendra lui prendre mesure[2].

Même en robe de soie blanche rayée de lignes vertes, même avec des *manchettes brodées,* on s'ennuie en prison. Pour abréger les longues heures, beaucoup de détenus passaient leur temps à écrire. On lit dans les rela-

---

[1] *Archives de la Bastille* à la bibliothèque de l'Arsenel (Funck-Brentano, p. 21).
[2] *La Vie à la Bastille,* p. 21.

tions déjà citées de Poultier d'Elmotte : « De Launay me donna du papier, des plumes, des livres... Je passais les jours et les nuits à lire, à écrire[1]... »

Une bibliothèque, fondée dans les premières années du xviii° siècle, et qui s'était successivement accrue par les soins du gouvernement, la générosité de quelques bourgeois de Paris et les dons de divers détenus, fonctionnait régulièrement sous Louis XVI. Les prisonniers pouvaient d'ailleurs faire venir des livres de l'extérieur, en aussi grande quantité qu'ils le désiraient. A certains d'entre eux l'administration fournissait gratuitement les ouvrages nécessaires à leurs études. M. de Crosne, le dernier lieutenant de police, finit même par autoriser la lecture des gazettes[2].

Les jeux marchaient de front avec la lecture. Les détenus se réunissaient pour jouer les uns chez les autres, ou dans la cour. Dans leurs chambres ils jouaient aux cartes, aux échecs, au trictrac[3]. Sur la cour ils se livraient au jeu de boules, au jeu de quilles ou au jeu de tonneau. Les gentilshommes bretons demandèrent un billard : il leur fut aussitôt accordé. On lit sur le *Registre d'écrou* du major de Losme : « Le 21 août (1788). — Il a été loué un billard, qui a été mis dans l'appartement du major, pour l'amusement de MM. les gentilshommes bretons[4]. »

Si les gentilshommes avaient leur billard, les pauvres diables avaient leur tabac. On leur en donnait deux onces par semaine, quelquefois davantage; et au tabac on joignait souvent quelque argent de poche.

Tout cela, je le sais bien, n'empêche pas M. Michelet d'écrire que, sous Louis XVI, la Bastille était « plus

[1] *Révolutions de Paris*, t. III, n° 34, p. 36.
[2] Funck-Brentano, p. 22.
[3] *La Bastille dévoilée*, fasc. II, p. 53.
[4] Alfred Bégis, *le Registre d'écrou de la Bastille*, p. 25.

dure » que sous Louis XV. Quels faits apporte-t-il à l'appui de son affirmation ? Il n'en produit qu'un seul : « La promenade, dit-il, fut ôtée aux prisonniers. » Mais ce fait lui-même, sur quelles preuves repose-t-il ? L'historien n'en fournit aucune, et pour cause. D'après M. Alfred Bégis, l'homme de France avec M. Funck-Brentano qui sait le mieux sa Bastille, les prisonniers, sous Louis XVI, étaient autorisés à se promener dans une cour, ou sur les tours, ou même dans le jardin, accompagnés d'un garde ou d'un officier. « Cela résulte, ajoute-t-il, du registre du major de Losme, de nombreuses pièces que j'ai vues, et même des *Mémoires* de Linguet, comme de *la Bastille dévoilée*. » Un prisonnier dont j'ai déjà cité la *Relation* publiée au lendemain de la prise de la Bastille, en pleine effervescence révolutionnaire, Poultier d'Elmotte, écrit ceci : « J'eus la promenade depuis cinq heures jusqu'à six... Je passais tout mon temps à lire, à écrire ou à *me promener*[1]. »

On lit dans le *Registre d'écrou*, à la date du 15 juillet 1788, jour de l'entrée à la Bastille des gentilshommes bretons : « M. de Crosne a dit de leur donner plumes, encre, papier, couteaux, ciseaux, montres, *promenades*, en un mot de faire pour eux tout ce qui est possible. » Linguet est obligé de reconnaître que les prisonniers avaient « pour promenade la cour du château ». Il est vrai qu'il ajoute : « Le jardin était interdit aux prisonniers. » Pas à lui du moins, ainsi que le prouve la pièce suivante :

Je prie M. le gouverneur de permettre la promenade dans le jardin à M. Linguet, qui, à ce que j'espère, obtiendra incessamment sa liberté.

Le 13 mai 1782.

LENOIR.

[1] *Révolutions de Paris*, loc. cit.

Et au bas, de la main du major de Losme : *Sera exécuté comme il est requis. Le 13 mai 1782*[1].


## VI


Un service presque aussi bien organisé que le service culinaire, c'était le service médical. Le médecin de la Bastille était toujours l'un des meilleurs de la capitale. Pendant tout le règne de Louis XVI, ce fut M. Delon de Lassaigne, *médecin du roi*. Il avait sous ses ordres M. Hurel, chirurgien-major, et Mme Chuppin, maîtresse sage-femme[2].

Le prisonnier préférait-il voir un autre médecin, il pouvait le faire appeler. La visite d'un spécialiste était-elle nécessaire, le préfet de police faisait immédiatement avertir les docteurs « les plus recherchés », voire même les dentistes les plus en vogue, s'il s'agissait de soigner les dents. Chose singulière! qui serait curieux de connaître les noms des chirurgiens-dentistes les plus célèbres du XVIIe et du XVIIIe siècle les devrait demander aux papiers de la Bastille.

« Confections de toutes sortes, juleps, sirops, apostèmes, clystères, vomitifs, cordiaux, thériaques, etc. » Ce n'est pas aux mémoires de M. Fleurant que j'emprunte cette énumération, mais aux *Mémoires* d'un prisonnier de la Bastille, Constantin de Renneville. « Mon compagnon, ajoute Renneville, faisait le malade pour se faire apporter toutes les drogues de l'apothicaire. Il en avait toujours dans sa chambre de quoi former une petite boutique. » C'est que la pharmacie de

---

[1] Je dois la communication de cette pièce à la gracieuse obligeance de M. Alfred Bégis.

[2] *Almanach royal de 1789*, p. 207.

la Bastille était des mieux fournies, et je crois que si
Argan l'eût mieux connue, il aurait demandé à M. Purgon
de le faire admettre au château. Toujours est-il que, en
raison des remèdes que l'on y trouvait, on transférait
quelquefois à la Bastille les malades des autres prisons.
Je vois, par exemple, que le lieutenant de police propose
à Malesherbes, le 21 août 1775, le transfert du Fort-
l'Évêque à la Bastille du sieur Poirot, parce qu'il continue ses folies et *qu'il a besoin de remèdes.* »

Il y manquait une salle de bains chauds : M. de Launay
en fit construire une[1].

Dès qu'un prisonnier était atteint de maladie, le gouverneur de la Bastille faisait placer près de lui un
garde-malade pour le veiller et le servir. La complice
de Mme de la Motte dans l'affaire du Collier, la femme
Leguay, dite d'Oliva, avait été écrouée à la Bastille le
4 novembre 1785. Le registre d'écrou contient, à la date
du 16 janvier 1786, la mention suivante : « La dame
Leguay, dite d'Oliva, se trouvant grosse de cinq mois,
il lui a été donné hier la nommée Catherine pour garde
et pour la soigner[2]. »

En beaucoup de cas, les femmes, les enfants ou les
parents du prisonnier étaient autorisés à lui donner
leurs soins, même à s'enfermer avec lui. « Les exemples
sont nombreux, » dit M. Funck-Brentano[3].

« 1 pinte de lait, 3 œufs frais, 1 quarteron de gros
riz, 1 quarteron de gros pruneaux nouveaux, 5 grosses
figues, 3 grosses pommes châtaignières, 10 marrons,
outre les salades et légumes qu'il demandera. Mais,
pour ôter tout prétexte de lui refuser ses vrais besoins,
qu'on cesse de lui donner vin, huile, sucre et autre

---

[1] *La Bastille dévoilée*, fasc. II, p. 32.
[2] *Le Registre d'écrou de la Bastille*, par Alfred Bégis, p. 21.
[3] *La Vie à la Bastille*, p. 26.

chose dont on sait qu'il n'use point, sinon lorsqu'il en demandera. » Tel est le menu accordé chaque jour au sieur Dumont pendant sa maladie et approuvé par le

Meurtre de M. de Flesselles, le 14 juillet 1789.

lieutenant de police. En même temps que le malade recevait ainsi une nourriture plus délicate que la nourriture ordinaire, on augmentait, pour chauffer sa chambre, la fourniture de bois réglementaire. La convalescence venue, on lui permettait de se promener dans le jardin du château. Quelquefois même il lui arrivait d'être mis en liberté provisoire, sous la condition de revenir se constituer prisonnier après sa guérison; ou bien encore, on le plaçait chez un médecin ou chirurgien de Paris, qui s'engageait à le ramener à la Bastille quand il serait rétabli[1].

Tout cela est prouvé par des pièces d'archives, d'une authenticité indiscutable. — Et maintenant, libre à M. Louis Blanc de s'écrier : « Le pont-levis une fois franchi, c'en est fait du prisonnier... *Il avait cessé d'appartenir à la terre...* Encore si, par un coup de désespoir, on avait pu se faire à soi-même son destin! Mais non : une prévoyance *barbare* refusait au prisonnier tout moyen de suicide. La vie de chaque victime était considérée comme la propriété des persécuteurs, comme leur proie inviolable; il fallait vivre à se ronger le cœur! » — M. Louis Blanc, cette fois, a raison : à la Bastille, nous venons de le voir, il n'était pas si facile que cela de mourir.

On y était malade, c'est vrai, comme ailleurs; mais on y était soigné souvent mieux qu'ailleurs. Aussi, — fait invraisemblable à coup sûr, mais qui n'en est pas moins vrai, — d'aucuns refusaient d'en sortir. « Bien des prisonniers, dit M. Funck-Brentano, furent fâchés d'être mis dehors. Nous pouvons citer des exemples de personnes qui cherchèrent à se faire mettre à la Bastille; d'autres refusèrent leur liberté, d'autres tâchèrent de faire prolonger leur détention[2]. »

Il fallait pourtant s'exécuter; il fallait s'en aller enfin. Si le prisonnier libéré était dénué de ressources, il

---

[1] Funck-Brentano, *loc. cit.* — M. Funck-Brentano a tout un chapitre intitulé : *la Bastille-Hôpital.*

[2] *La Vie à la Bastille*, p. 28. — On connaît le mot de Chamfort : « Un homme très pauvre qui avait fait un livre contre le gouvernement disait : Morbleu ! la Bastille n'arrive point ; et voilà qu'il faut tout à l'heure payer mon terme. »

n'était pas rare que le gouverneur de la Bastille lui
donnât un peu d'argent. Le baron de Breteuil, ministre
de la maison du roi de 1783 à 1789, accompagnait
presque toujours la mise en liberté d'une petite pension.

M. Funck-Brentano, à qui j'ai emprunté la plus
grande partie des détails qu'on vient de lire, termine
son étude sur *la Vie à la Bastille* par cette conclusion :
« Tel a été le régime de la Bastille; nous pouvons affir-
mer qu'il n'y avait pas, au siècle dernier, une prison en
Europe où les prisonniers fussent entourés d'autant
d'égards et de confort; *il n'y en a pas une aujourd'hui.* »

Pour étrange que puisse paraître le mot *égards* en un
pareil sujet, il n'est pas hors de saison. J'ai déjà cité
l'anecdote de Dumouriez et du porte-clefs qui s'était
permis de « se servir vis-à-vis de lui du mot *toi* ».
Voici un autre fait : « Un sieur Dubu de Lataynoutte,
détenu pendant trois mois, du 25 septembre au 25 décembre 1785, ne sachant où aller après sa mise en
liberté, fut logé chez le gouverneur lui-même, M. de
Launay, quinze jours durant, jusqu'à ce qu'il eût trouvé
un appartement à sa convenance. » Dubu de Lataynoutte,
il est vrai, était le fils d'un administrateur des postes;
mais la lettre suivante, écrite au lieutenant de police
par le major de la Bastille, montre de quels égards
on entourait également les pauvres diables, le menu
fretin :

« A la Bastille, le 1er novembre 1770.

« Liberté de la Bastille du frère Magy (dit Rosail), n° 68.

« Monsieur,

« J'ai l'honneur de vous informer que le sieur Marais, inspecteur
de police, est venu hyer au soir à huit heures a porté l'ordre de
liberté pour le nommé Bezin de Rozail, à qui il a signifié un ordre
du roi. L'humanitez nous a empêché de mettre ce malheureux

hors du château à trois heures de nuit. Nous l'avons fait sortir que ce matin après l'avoir fait bien déjeuner et à qui M. le gouverneur a donné *douze livres* par bonté, et nous lui avons donné deux chemises, un mouchoir, avec une paire de bas et chapeau vieux que nous avions au magasin. Cet homme fait pitié, je lui ai donné l'adresse du sieur Buhot pour avoir un passeport dont il a besoin. Vous trouverez cy-joint la lettre de M. le gouverneur qui vous accuse la liberté de ce prisonnier, *lequel est bien fâché de s'en aller dans cette saison.*

« Je suis, avec un profond respect, Monsieur, votre très humble et obéissant serviteur.

« CHEVALIER[1]. »

## VII

En dépit des *égards,* du *confort,* des bons soins, la Bastille n'en demeurait pas moins une prison et une prison d'État, où l'on était détenu en vertu d'un ordre du roi. sans intervention ni jugement des tribunaux. Tous les adoucissements du monde n'y pouvaient rien. L'arbitraire, même atténué, reste condamnable. Seulement, ce que l'on n'a pas assez dit, c'est que, sous Louis XVI, la Bastille n'existait presque plus en tant que prison d'État. Elle n'a reçu sous son règne, sauf de rares exceptions, que des prisonniers de droit commun, dont le procès s'instruisait au Châtelet, au parlement ou devant une autre juridiction compétente. On les avait mis à la Bastille comme on les aurait mis dans une autre prison, où ils auraient été beaucoup moins bien, et ils y attendaient que les magistrats eussent décidé de leur sort.

Comme M. Funck-Brentano s'est borné à une simple indication du fait, et que ce fait me paraît avoir dans

---

[1] Le *Temps,* du 13 juillet 1888. Article de M. Hugues Le Roux.

la question une grande importance, je demande à m'y arrêter quelques instants.

M. Gustave Bord a publié, en 1883, dans la *Revue de la Révolution,* la liste des *prisonniers enfermés à la Bastille sous Louis XVI.* Cette liste comprend 288 noms, ce qui donnerait pour les quinze années allant du 10 mai 1774, date de l'avènement de Louis XVI, au 14 juillet 1789, une moyenne de 19 prisonniers par an. Mais, de ce chiffre de 288, il convient de déduire celui des prisonniers volontaires, — celui des détenus en faveur desquels fut rendue presque aussitôt une ordonnance de non-lieu, — enfin celui des détenus dont l'arrestation était antérieure à l'avènement du roi.

J'ai déjà dit un mot des prisonniers volontaires, de ces domestiques, de ces femmes de chambre qui avaient obtenu de ne pas se séparer de leurs maîtres, et de les servir dans leur captivité. Il y avait aussi des *volontaires* d'un autre ordre. Le 1er février 1787, un riche financier, M. Baudard de Saint-James, sollicita d'y être enfermé, pour se soustraire aux menaces de certains de ses créanciers. Il y resta six ou sept semaines. Le 1er mai 1789, Reveillon, le grand fabricant de papiers peints du faubourg Saint-Antoine, entra à la Bastille sur ses propres instances. Il y venait, au lendemain de la mise à sac de sa maison et de sa fabrique, chercher un abri contre les fureurs de la populace. Le registre d'écrou porte les mentions suivantes :

Le 1er mai. — A quatre heures du matin est arrivé au château le sieur Reveillon, sur un ordre du roi, contresigné de Villedeuil; il a été logé à la troisième Comté[1]. *Ce prisonnier a demandé* de l'être pour sa sûreté.

Les 26, 27 et 28 (mai). — Le sieur Reveillon a eu beaucoup de visites depuis son arrivée; il a vu souvent le commissaire Lerat,

[1] La chambre du 3e étage de la tour de la Comté.

le sieur Abeille, secrétaire du commerce, le sieur Jacmart, le sieur
Dumoulin, maître maçon, la dame Jacmart, la dame Abeille et son
fils, l'abbé Morellet, l'avocat Tronson du Coudray, M. le président
de Gourgue[1], deux fois le sieur Pontcarré, secrétaire du ministre,
le sieur Duval fils, de la police, le sieur Cauchy, secrétaire de
M. de Crosne, le sieur Noroy, de la manufacture des glaces, le
sieur Renou, procureur au Châtelet, le sieur Lachaume, etc.

Le 28 mai. — A neuf heures du soir, le sieur Reveillon est sorti
du château[2].

De 1774 à 1789, le nombre des prisonniers volontaires
de tous ordres, depuis la domestique de M^me de Saint-
Vincent jusqu'à Reveillon, fut de 12. Soit, de ce chef,
un premier retranchement de 12 noms à opérer.

Les ordonnances de non-lieu, après les premiers interrogatoires, étaient fréquentes, ainsi que j'ai déjà eu
l'occasion de le dire. M. Gustave Bord en a relevé 38;
et à ces 38 il convient d'en ajouter 2 autres, rendues en
faveur de Benoît Journel, maître tailleur, et de Joseph
Saint-Jean, dit Évrard, bijoutier, accusés d'avoir fait
graver à Genève une planche de cuivre propre à con-
trefaire les billets de la Caisse d'escompte, et relâchés,
au bout d'un mois, faute de preuves suffisantes. Voilà
donc un second retranchement à faire, et qui porte,
celui-là, sur 40 détenus.

Nous recherchons combien Louis XVI et ses ministres
ont fait mettre de gens à la Bastille. Nous n'avons donc
pas à tenir compte des prisonniers qui s'y trouvaient
à son avènement. Ces prisonniers étaient au nombre
de 7. Ajoutons aux 12 prisonniers volontaires et aux
40 détenus remis en liberté à la suite d'ordonnances de
non-lieu, ils nous donnent déjà un chiffre de 59 à déduire
de celui de 288.

[1] Armand-Guillaume-François de Gourgue, président à mortier au parlement de Paris, guillotiné le 1^er floréal an II (20 avril 1794).
[2] *Le Registre d'écrou de la Bastille*, p. 28.

Les prisonniers de droit commun, les malfaiteurs qui étaient mis à la Bastille, en attendant d'être traduits devant les tribunaux ou d'être transférés dans une autre prison, ne peuvent aucunement être considérés comme des prisonniers d'État, de vrais prisonniers de Bastille. Il y a lieu également de les retrancher de la liste des 288. Leur nombre ne laisse pas d'être considérable. Voici d'abord la bande des escrocs, des banqueroutiers, des faussaires; il n'y en a pas moins de 53. Je signalerai quelques-unes de ces intéressantes *victimes:*

*Potiquet de Champigny,* horloger, avait fabriqué de fausses signatures de Lecoulteux, administrateur de la Loterie royale, et de Benezech, administrateur du bureau royal de la correspondance nationale et étrangère.

Pierre *Dunaud,* ex-officier de la marine marchande, avait fabriqué et mis en circulation de faux billets de la Banque d'escompte pour une somme considérable.

Antoine *Le Bel,* premier commis de M. de Sainte-Foix, surintendant du comte d'Artois; poursuivi pour falsifications et surtaxes de lettres patentes, ventes d'offices à des prix plus élevés que ceux portés aux tarifs; transféré, au bout de quatre mois, de la Bastille à la Conciergerie.

*Dargent,* vice-consul d'Espagne; avait déjà été jugé par le parlement pour avoir vendu de faux billets de loterie; avait fabriqué une fausse lettre de M. Necker et de fausses actions de l'emprunt émis en 1780, et en avait vendu 50, pour 60 000 francs, à Dumaine, agent de change.

Jean-Nao-Tolanda *Trivohin,* tenant pension à Paris; se disait fils du roi de Golconde et petit-fils du Grand Mogol et, à la faveur de ces noms et qualités, avait fait un grand nombre de dupes.

Pierre *Joly,* soi-disant banquier à Paris; s'était fait

inscrire comme banquier dans l'Almanach royal, et,
comme tel, spéculait frauduleusement.

*Pigenot de la Palun,* maréchal des logis de la reine;
avait négocié à son profit une assignation de deux mil-
lions, provenant des caisses du sieur Marquet, receveur
général, beau-frère de **M.** de Calonne.

*Pillotte de la Barolière,* ex-sous-lieutenant au régi-
ment de Hanovre; convaincu d'avoir imité des billets
de la Caisse d'escompte; on avait trouvé chez lui tous
les ustensiles nécessaires à cette fabrication; il préten-
dait n'avoir fait que des essais pour sa satisfaction personnelle. De ce faussaire, la république fit un général.
Il combattit en Vendée, et s'y fit remarquer par sa
cruauté.

Charles-Nicolas *Roland,* caissier; soupçonné de con-
cussion, il *était allé se constituer lui-même prisonnier
à la Bastille.* Transféré au Châtelet, il fut condamné,
le 12 août 1782, par un arrêt de la Chambre des
comptes [1].

A l'exception de dix, ces cinquante-trois malfaiteurs
ne furent enfermés à la Bastille que pendant un petit
nombre de mois, plusieurs même pendant quelques
jours seulement. Quant aux dix qui furent détenus une
année ou plus, voici leurs noms et états de services :

Pierre *Lavenant,* agent de change (1 an, 1 mois, 23 jours);
— faillite. Infidélité dans sa charge; accusé de s'être
approprié un récépissé de nouvelles rentes viagères
qu'un particulier lui avait confié.

Marie-Françoise-Josèphe *Waldburg-Frohberg,* femme
de Stanislas-Honoré-Pierre *Dupont de la Motte* (1 an,
4 mois, 7 jours), faisait des dupes en se servant du nom
et du cachet de la reine.

---

[1] Les renseignements sur ces divers détenus sont empruntés à la publica-
tion de M. Gustave Bord (*Revue de la Révolution,* avril et mai 1883).

Victoire *Wallard*, femme de *Cahouet de Villers* (1 an, 5 mois, 8 jours), avait fait des faux à deux reprises; elle avait imité la signature de la reine pour se procurer des vêtements chez une modiste. Elle montrait partout une fausse lettre de la reine, la priant de contracter un emprunt de 200000 livres à l'insu du roi.

Georges-Frédéric *Cleyman* (2 ans, 11 mois, 25 jours), banqueroutier; transféré à la Conciergerie.

Julien *Marchand*, intendant des princes de Rohan et de Guéménée (3 ans, 1 mois, 21 jours), arrêté à la suite de la banqueroute du prince de Guéménée.

*Manville*, dit *Willeman* (3 ans, 8 mois, 20 jours), avait voulu jouer à son bénéfice la scène du *Légataire universel*, en fabriquant un faux testament de M. de Chalus.

Jean *La Barte*, dit *Béchade:* Bernard *Laroche* et Jean *La Corège*, commmis négociants, et Antoine *Pujade*, négociant, délivrés tous les quatre le 14 juillet 1789, après une détention de deux ans et demi, étaient quatre faussaires décrétés de prise de corps et écroués à la requête du procureur du roi, au mois de janvier 1787, pour falsification de lettres de change[1].

A côté de ces 53 faussaires, escrocs et banqueroutiers, on trouve 7 misérables, arrêtés pour attentats aux mœurs.

Viennent ensuite 31 individus incarcérés pour avoir pris part, aux mois de mai, juin et juillet 1775, aux émeutes dont Pontoise, Dreux et plusieurs localités de la Beauce avaient été le théâtre, à l'occasion de la cherté des grains. Leur détention varia de deux jours à deux mois, sauf pour trois, plus compromis que les autres, et qui furent retenus neuf et dix mois. Tous étaient pré-

[1] Gustave Bord, *Revue de la Révolution*, février à novembre 1883. — Alfred Bégis, *l'Intermédiaire* du 10 avril 1889.

venus de s'être livrés au pillage des blés et farines, crime de droit commun. Ils ne rentrent donc pas, eux non plus, dans la catégorie des prisonniers d'État. De même ne sont pas des prisonniers d'État, mais simplement des prisonniers de police, les introducteurs, colporteurs et vendeurs d'ouvrages prohibés, les imprimeurs et graveurs de livres ou d'estampes obscènes. Cette catégorie de détenus est, après celle des faussaires et des escrocs, la plus nombreuse de toutes, et comprend 38 individus.

Nous trouvons ainsi 53 faussaires et escrocs, 7 accusés d'attentats aux mœurs, 31 détenus pour participation à des pillages de blés et farines, 38 détenus pour introduction, impression, vente et colportage de livres prohibés ou obscènes; ensemble 129 prisonniers, qui, joints aux 59 que nous avions déjà dû retrancher de la liste des 288, réduisent cette liste au chiffre de 100 seulement.

Ce n'est pas tout. Au mois d'août 1785, éclata l'affaire du Collier. Le cardinal de Rohan, la comtesse de la Motte, M<sup>lle</sup> d'Oliva, Rétaux de Villette et sept autres personnes compromises dans cette seconde affaire furent conduits à la Bastille. Peut-on les considérer comme des prisonniers d'État? Évidemment non. Ils n'étaient pas à la Bastille en vertu d'un ordre arbitraire et sous le bon plaisir du roi, seul juge de la durée de leur détention. Ils y étaient en attendant le moment de comparaître devant le parlement, chargé d'instruire et de juger leur procès. L'instruction terminée, ils furent, en effet, transférés à la Conciergerie.

Un des chapitres de M. Funck-Brentano est intitulé : *la Bastille-Hôpital*. Après avoir montré que rien n'y manquait de ce qui était utile aux malades, l'auteur ajoute : « Nous pourrions nous étonner de trouver tout cet appareil médical et pharmaceutique dans l'enceinte d'une forteresse prison d'État. La Bastille était quelque peu un hôpital, de même qu'à cette époque les hôpitaux servaient souvent de prison. On embastillait des fous, des illuminés, des épileptiques et des hystériques, que l'on soignait à la mode d'alors. Voilà ce qu'il ne faut pas oublier[1]. » Sous Louis XVI, sept fous entrèrent à la Bastille : M. de la Tour, fils d'un président du parlement d'Aix, et M. de Caussanel, gendarme, qui furent tous les deux transférés à Charenton; le comte de Whyte de Malleville, enfermé d'abord au château de Vincennes, puis conduit à la Bastille le 29 février 1784 : il était fou depuis plusieurs années[2]; Catherine Théot, visionnaire, qui se croyait, tantôt une nouvelle Ève, tantôt la Mère de Dieu ou un Messie appelé à régénérer le genre humain, et, avec elle, quatre de ses adhérents. Ces quatre derniers, ainsi que Catherine Théot, ne restèrent qu'un mois ou deux à la Bastille, d'où ils furent transférés dans un hôpital. Force nous est donc de distraire des 288, ou plutôt des 100, ces 8 fous et les 11 accusés de l'affaire du Collier, ce qui ramène à 81 le chiffre des prisonniers d'État.

Pour être dans le vrai, nous devrions défalquer encore de ce dernier chiffre plusieurs prisonniers qui ne sont, pas plus que les précédents, de vrais prisonniers de Bastille. Dans les 81 restants, en effet, nous trouvons 11 détenus pour coups et blessures sur la voie publique, menaces à un supérieur et autres actes d'insubordination; 1 détenu pour bigamie; 9 détenus pour faits d'es-

---

[1] *La Vie à la Bastille*, p. 25.

[2] Alfred Bégis, *le Registre d'écrou de la Bastille*, p. 14 et 15. Whyte de Malleville fut l'un des *sept* prisonniers délivrés le 14 juillet. Il fallut l'envoyer à Charenton quelques jours après sa sortie de la Bastille. (Voy. Victor Fournel, *les Hommes du 14 juillet*, p. 122.)

pionnage. Ne sont-ce pas là des délits ou des crimes de droit commun? Et peut-on raisonnablement considérer comme un prisonnier d'État, comme une victime de l'arbitraire ministériel, ce porte-clefs de la Bastille, par exemple, Jean-Baptiste Capin, qui fut enfermé pendant un mois et vingt-deux jours (6 février-28 mars 1781), pour avoir servi d'intermédiaire entre un détenu et une personne du dehors[1]? Il ne serait que juste dès lors d'opérer ces nouveaux retranchements, qui, portant ici sur 21 prisonniers, feraient descendre le chiffre de 81, auquel nous étions arrivés tout à l'heure, à celui de 60. Ce chiffre de 60 serait le chiffre vrai. Mais nous aimons mieux ne pas aller jusqu'à l'extrême limite de notre droit. Nous préférons rester même beaucoup en deçà, et nous voulons bien admettre qu'il y a eu sous Louis XVI, de 1774 à 1789, 81 prisonniers d'État. 81 prisonniers en quinze ans, cela fait une moyenne de quinze par an. Comme ces 81 prisonniers ont fait 62 ans, 6 mois et 6 jours, cela fait en moyenne, pour chacun d'eux, environ 9 mois de détention. Treize seulement ont fait plus d'un an de prison. Pour 52, c'est-à-dire pour plus de la moitié, la durée de détention n'a pas atteint deux mois. Pour 63, c'est-à-dire plus des trois quarts, elle fut inférieure à trois mois. Dix furent gardés moins de quinze jours. Quant aux treize qui firent plus d'un an, la durée de leur peine fut loin d'être en rapport avec la gravité de leur crime. Pallebot de Saint-Lubin, qui fit quinze mois, avait trahi la France dans les Indes et était passé au service de l'Angleterre. Saint-Pierre Dutaillé (2 ans et 9 mois) était un capitaine-ingénieur qui, pendant la guerre avec l'Angleterre, avait entretenu une correspon-

---

[1] Gustave Bord, *Liste des prisonniers* (*Revue de la Révolution*, mars 1883).

dance avec l'ennemi et lui avait livré nos plans[1]. Un aventurier, qui se faisait appeler le marquis de Beauvau (2 ans, 9 mois), était coupable de bigamie. Un autre prisonnier fut enfermé à la Bastille pendant cinq ans et quatre mois. Celui-là, il suffit de le nommer : c'était le marquis de Sade.

Je sais bien que, parmi nos 84 détenus, il y a eu quelques gens de lettres. Mais faut-il conclure de là, comme Michelet, que la Bastille était alors « le domicile des libres esprits, la prison de la pensée »? Ce sont là de grands mots, et nous allons voir qu'il en faut beaucoup rabattre.

La liste, dressée par M. Bord, des hommes de lettres enfermés à la Bastille sous Louis XVI, renferme 24 noms. Mais de cette liste il y aurait bien des noms à retrancher, ne fût-ce que ceux de la femme Goupil et du sieur Rendu. La femme Goupil avait été arrêtée comme complice de son mari; ce dernier, inspecteur de la librairie et chargé à ce titre de saisir les livres prohibés, avait trouvé piquant et lucratif d'en faire fabriquer, qu'il dénonçait ensuite pour toucher la prime. Quant au sieur Rendu, c'était tout simplement un domestique, arrêté en même temps que son maître, le sieur Mouffle d'Angerville, auteur de libelles injurieux et diffamatoires.

Je ne crois pas non plus qu'il nous faille pousser l'humilité jusqu'à considérer comme « hommes de lettres » et à tenir pour confrères la plupart des autres individus qui figurent sur la liste des 24. Les Duvernet, les Letellier, les Pelissery, les Ferry, les Cahaisse, les Laffite et quinze autres étaient des libellistes, des gazetiers obscènes; ce n'étaient pas des « hommes de lettres »; et

---

[1] Gustave Bord, *Liste des prisonniers* (*Revue de la Révolution*, mars 1883).

on ne nous condamnera pas sans doute à donner ce titre à l'immonde marquis de Sade, lequel d'ailleurs fut emprisonné, d'après Mirabeau, « pour avoir empoisonné et disséqué une femme. »

Il n'y eut en réalité que deux hommes de lettres mis à la Bastille sous Louis XVI : Brissot de Warville et Linguet. Brissot était alors un personnage assez louche, mêlé à toutes sortes d'entreprises plus commerciales que littéraires, très lié avec l'ignoble Boissière, de Londres, ancien laquais d'escroc, escroc lui-même. Il fut arrêté le 12 juillet 1784. On l'accusait d'avoir collaboré, avec Laffite de Pelleport, à un ignoble pamphlet intitulé : *Un Diable dans un bénitier*. Sa détention ne dura qu'un mois et vingt-huit jours.

Comme écrivain, Linguet était très supérieur à Brissot, en même temps qu'il avait, comme avocat, des qualités du premier ordre; mais, au barreau comme dans la presse, son esprit remuant et inquiet, ses sarcasmes, sa violence et ses injures lui avaient créé des ennemis aussi nombreux que puissants. Les avocats le rayèrent du tableau de l'ordre; le parlement lui interdit de plaider; l'Académie française demanda la suppression de son journal. Obligé de quitter la France et réfugié en Suisse, il lança contre les ministres un pamphlet satirique, où, les vouant au mépris, les immolant à sa haine, il traçait leurs portraits avec une licence de pinceau qui fit dire à Voltaire lui-même *que Linguet surpassait l'Arétin*[1]. De la Suisse, il vint en Angleterre et y publia ses *Annales politiques, civiles et littéraires du XVIII⁰ siècle*, où sa censure, libre et vindicative, n'épargna ni les gens de robe, ni les gens de lettres, ni les gens puissants.

---

[1] *Notice sur la vie de Linguet*, par F. Barrière, en tête des *Mémoires sur la Bastille*.

Quand il rentra en France, l'exaspération contre lui était générale. Conduit à la Bastille le 27 septembre 1780, il fut remis en liberté au bout de dix-neuf mois.

Nul n'a plus contribué que Linguet à créer la légende de la Bastille; le vrai *vainqueur du 14 juillet,* ce fut lui. Cette victoire, hélas! il devait la payer cher : le 26 juin 1794, les vainqueurs de la Bastille l'envoyaient à l'échafaud.


## VIII


Dans les papiers de Linguet, saisis au moment de son arrestation en 1794, on trouva la copie d'une lettre qu'il avait écrite à Louis XVI, au mois de décembre 1792, pour solliciter l'honneur d'être l'un de ses conseils [1]. Un autre prisonnier de la Bastille se proposa également pour être un des défenseurs du roi; et, détail piquant, ce prisonnier, Brun de Condamine, est précisément celui auquel fait allusion Michelet dans le passage que j'ai cité en commençant : « On rougit pour la France d'être obligé de dire que le crime d'un des prisonniers était d'avoir donné un secret utile à notre marine. On craignit qu'il ne le portât ailleurs! » Depuis 1660, on conservait soigneusement à la Bastille toutes les pièces et papiers relatifs aux détenus. Seulement la lieutenance de police n'envoyait au dépôt que les pièces des affaires « classées », et elle n'avait pas encore, au mois de juillet 1789, déposé les documents concernant les dernières années écoulées. Elle n'avait plus fait d'envoi depuis

---

[1] *Notice sur la vie de Linguet,* par F. Barrière, en tête des *Mémoires sur la Bastille.*

1775[1]. Le dossier de Brun de Condamine, arrêté le
19 février 1779, manque donc à l'Arsenal, et je n'ai pas
pu le consulter, non plus du reste que M. Michelet. De ce
prisonnier et de cette affaire, le célèbre historien savait
uniquement ce qu'il en avait pu lire dans la *Bastille
dévoilée*. L'article paru dans ce recueil a été rédigé sur
les notes fournies par Brun de Condamine lui-même. Il
résulte de cet article que Brun, né à Toulon, avait visité
les divers pays de l'Europe, cherchant à pénétrer « les
secrets de leurs manufactures et de leur commerce », à
connaître l'état exact de leurs forces de terre et de mer.
Ses « notices » étaient transmises par lui à M. le duc
de Choiseul. Au goût des voyages il joignait celui des
inventions. Il avait obtenu un privilège pour le trans-
port et la vente aux colonies d'une charrue destinée à
remplacer les bras des nègres. Plus tard, capitaine dans
les milices de Saint-Domingue, il « hasarda une idée
qui pouvait donner à notre marine une grande supério-
rité sur celle des Anglais ». Il s'agissait de « boulets
inflammables ». A l'en croire, M. de Sartine se serait
entretenu avec lui de son invention, l'aurait prié de
différer ses expériences... et l'aurait fait arrêter. Brun
ne dit pas que sa détention ait eu pour motif la crainte
de le voir porter son invention à l'étranger. En tout cas,
si telle avait été la cause de son arrestation, en un moment où la France était en guerre avec l'Angleterre[2],
il n'y aurait vraiment pas là de quoi *rougir pour la
France*. Au fond, cette affaire, nécessairement assez
obscure en l'absence de tout document sérieux, paraît
ressembler beaucoup à la récente affaire Turpin. L'in-

---

[1] *Les Archives de la Bastille. La formation du Dépôt*, par Frantz Funck-
Brentano, p. 12.

[2] Quand Brun de Condamine fut arrêté (février 1770), la France et l'Angleterre étaient en guerre depuis un an.

venteur de la mélinite a été condamné à cinq ans de
prison. Brun de Condamine ne fit que quatre ans et
trois mois, et sa captivité aurait duré sans doute moitié
moins s'il n'eût cherché à s'évader, comme il le recon-

Têtes du marquis de Launay et de Foullon, cœur de Berthier, portés à travers Paris
par la populace après la prise de la Bastille.

naît dans la *Bastille dévoilée*. Les tentatives d'évasion
avaient alors pour effet de faire doubler la détention.

Après sa mise en liberté, qui eut lieu le 29 avril 1783[1],

[1] On lit sur le *Registre d'écrou* tenu par le major de Losme : « Le
29 avril 1783. Sur l'ordre du roy, contresigné Castrie, daté du 6 de ce mois
et envoyé ce jourd'huy par M. Lenoir, mis en liberté le sieur Brun de Condamine, à dix heures du matin. Ce prisonnier a été habillé complètement
quelques jours avant par l'ordre de M. Lenoir, qui en a fait payer le montant,
194 fr. 7. » (Pièce communiquée par M. Alfred Bégis.)

Brun de Condamine reçut du gouvernement une somme de 6 000 livres et renonça à tous ses droits. Il faut bien croire d'ailleurs qu'il n'avait pas pris sa détention aussi au tragique que M. Michelet, car nous le voyons, lors du procès de Louis XVI, demander à le défendre. Le 14 décembre, il adressa au président de la Convention nationale la lettre suivante :

« Paris, le 14 décembre 1792.

« Monsieur le président,

« Un citoyen qui n'a reçu d'autre grâce de Louis XVI qu'une détention à la Bastille pendant quatre ans trois mois se présente pour entreprendre la défense de sa cause. Je vois dans cette entreprise deux grands avantages pour moi.

« Le premier consiste à défendre un illustre accusé, par ordre de qui j'ai été détenu quatre ans trois mois en prison, mais dont les malheurs et les vertus sollicitent mon zèle et ma justice.

« Le second consiste à défendre l'honneur de la nation française, dont je suis membre.

« La Commune de Paris a pris un arrêté par lequel elle déclare que les conseillers de Louis XVI resteront enfermés au Temple jusqu'au jugement de ce roi malheureux. Je doute qu'un arrêté de la Commune de Paris puisse légalement faire mettre en prison des conseillers autorisés à l'être par un décret de la Convention nationale.

« J'ignore quelles peuvent avoir été les vues de cette Commune en le prenant ; mais, sans chercher à les approfondir, je déclare que cette mesure est incapable d'arrêter mon zèle.

« Des gens qu'on doit dire malintentionnés se répandent dans les lieux publics pour annoncer que les conseillers de Louis XVI doivent s'attendre à périr par le fer ou par le poison. Je me mets en garde contre les méchants, mais leurs menaces ne m'intimideront pas.

« La défense de Louis XVI est trop glorieuse pour moi, pour que le danger de ma vie ne soit pas au-dessous de cette gloire.

« Je vous prie, monsieur le président, de faire donner communication de ma lettre à Louis XVI. Je désire qu'elle lui inspire assez de confiance pour l'engager à accepter mon offre ; mais, s'il la refuse, je ferai imprimer les raisons qui militent en faveur de cet illustre accusé.

« Je suis avec respect, monsieur le président, votre très humble et très obéissant serviteur.

« A.-M. BRUN,

« Rue Phélipeaux, n° 17, section des Gravilliers [1]. »

IX

Ce qu'était la Bastille sous Louis XVI, nous le savons maintenant : une prison, la moins dure de toutes, où les prisonniers étaient rares et ne restaient guère, une prison, en un mot, « comme il n'y en a pas une aujourd'hui. » En tant que prison d'État cependant, elle devait disparaître. Mais est-ce que tout le monde, à commencer par Louis XVI, n'était pas d'accord, bien avant le 14 juillet, pour la supprimer? Malesherbes n'était entré au ministère, en 1775, qu'à la condition, acceptée par le roi, de ne jamais signer de lettres de cachet [2]. Le baron de Breteuil, s'il ne les avait pas fait disparaître, les avait rendues de plus en plus rares. En 1784, il avait adressé aux intendants une circulaire fixant les règles à suivre à l'égard des individus pour lesquels on sollicitait des lettres de cachet. Sans rejeter absolument les demandes des familles, il n'admettait que des emprisonnements temporaires et justifiés par des choses graves [3]. En 1787, une déclaration du roi avait défendu absolument aux juges

---

[1] *Archives nationales*, F⁷ 4674. — Je suis redevable de la connaissance de cette pièce intéressante à une gracieuse communication de M. Alfred Bégis.

[2] *Les Hommes du 14 juillet*, par Victor Fournel, p. 13.

[3] Archives d'Ille-et-Vilaine. C. 161. — Antoine Dupuy, *la Bretagne au* XVIII⁰ *siècle*, p. 113.

locaux d'autoriser l'emprisonnement d'aucun individu sans condamnation régulière[1]. Lorsque les trois ordres avaient été appelés, au mois de janvier 1789, à rédiger leurs cahiers, la noblesse et le clergé ne s'étaient pas montrés moins énergiques que le tiers état dans leurs revendications en faveur de la liberté individuelle. « Tous les Français, disait la noblesse de Château-Thierry, sont essentiellement libres, c'est-à-dire qu'ils n'ont d'autres maîtres que la loi, d'autres chefs que le roi ou ceux qui le représentent, d'autres juges que les tribunaux approuvés par les états généraux et par le roi[2]. » — « Le bien le plus précieux du citoyen étant sa liberté, disait le clergé de Metz, tout acte qui peut l'en priver, sans que cette peine ait été prononcée par son juge naturel, est absolument contraire au droit naturel et au droit positif[3]. »

Les vœux favorables à la liberté individuelle allaient, dans les cahiers de la noblesse, jusqu'à la menace contre les agents du pouvoir. La noblesse d'Évreux « charge expressément ses députés aux états généraux de déclarer, à la face de la nation, qu'ils entendent provoquer sur la tête de l'exécuteur de tout ordre arbitraire l'anathème de l'opinion publique[4] ». Le « vœu le plus ardent » de la noblesse de Montargis est que « tout ministre, homme puissant, agent, porteur ou solliciteur d'ordres arbitraires, qui aurait sollicité, signé, surpris ou mis à exécution une lettre de cachet ou close, illégale, attentatoire à la liberté d'un citoyen, soit pris à partie devant les juges ordinaires, non seulement pour y être con-

---

[1] Archives d'Ille-et-Vilaine. C. 161. — Antoine Dupuy, *la Bretagne au* XVIIIᵉ *siècle*, p. 113.

[2] Cahier de la noblesse de Château-Thierry, p. 7.

[3] Clergé de Metz, p. 5.

[4] Noblesse d'Évreux, p. 8.

damné en des dommages-intérêts, mais encore pour y
être puni corporellement suivant toute la rigueur des
lois » ; au besoin « sous peine de la vie », ajoute la
noblesse d'Auch [1].

Du reste, les trois ordres ne croyaient pas porter
atteinte aux droits de la liberté individuelle, en admet-
tant que des lettres de cachet pourraient cependant être
délivrées « en cas d'absolue nécessité, telle que l'urgence
pour une famille de faire séquestrer un membre qui la
déshonorerait ». Seulement, même dans ce cas, elles ne
pourraient être accordées que sur l'avis « d'un comité
secret présidé par trois notables de la province, non
parents » ; ou sur la demande des états provinciaux, et
après une délibération « du conseil d'État, auquel il
sera donné à ce sujet un règlement fixe et concerté avec
les états généraux » ; ou « sur la décision d'un tribunal,
composé de dix-huit juges au moins, dont six seront pris
dans les rangs de la magistrature, six dans ceux du
clergé et six dans ceux de la noblesse » ; ou encore par
un tribunal de famille dont les jugements ne seront point
publics, et dont les arrêts ne pourront être exécutés
qu'après un examen supérieur, et par permission spéciale du roi ou de son représentant judiciaire dans la
province [2].

Les exceptions ainsi admises par les trois ordres ne
tendaient donc en aucune façon à la conservation de
l'arbitraire, mais uniquement au respect des droits pri-
vés. Cela est si vrai, que M. de Clermont-Tonnerre, résu-

---

[1] Noblesse d'Auch, art. 8. — Voyez sur la même question les Cahiers de
la noblesse de Guyenne, 7 ; Quercy, 3 ; Provins, 11 ; Melun, 8 ; Lille, 14 ;
Condom, 7 ; Bar-sur-Seine, 2 ; Vermandois, 22 ; Bazas, 9 ; Pont-à-Mousson,
12 ; Bas-Limousin, 11 ; Poitou, 9 ; Gien, 9 ; Beauvais, Agen, Bas-Vivarais,
etc. etc. — Voy. la remarquable étude de M. Léon de Poncins sur les *Cahiers
de 89* ; 1 vol. in-8°, Alphonse Picard, éditeur, 2° édition, 1887.

[2] Léon de Poncins, p. 128 à 132.

mant devant l'Assemblée constituante les vœux contenus
dans les cahiers de 89, pouvait dire, aux applaudisse-
ments de l'Assemblée tout entière : « Toute la nation
française réclame dans toute son étendue la liberté individuelle ; elle s'élève avec indignation contre les lettres
de cachet, qui disposaient arbitrairement des personnes...
La liberté individuelle sera sacrée[1]. »

Avait-on à craindre que des vœux formulés avec cette
énergie et cette unanimité se vinssent briser contre
l'opposition du roi et de ses ministres ? La résistance
ne pouvait venir des ministres, puisque, dans le conseil
tenu le 27 décembre 1788, ils avaient été les premiers
à proposer au roi les trois réformes suivantes : égale
admission de tous les citoyens aux emplois publics ;
suppression de la censure et établissement de la liberté
de la presse ; abolition des lettres de cachet[2].

Bien moins encore la résistance pouvait-elle venir de
Louis XVI. Aucun doute à cet égard n'est possible après
sa déclaration du 23 juin 1789. Voici l'un des articles
de cette déclaration trop peu connue :

Le roi, désirant *assurer la liberté personnelle de tous les citoyens
d'une manière solide et durable*, invite les états généraux à chercher et à lui proposer les moyens les plus convenables de concilier
*l'abolition des ordres connus sous le nom de lettres de cachet* avec
le maintien de la sûreté publique[3].

Ces paroles sonnaient le glas de la Bastille. A ce
moment elle était bien morte. Seules, ses murailles
restaient encore debout. Mais pour combien de temps ?
Était-il besoin, pour les faire tomber, de recourir à
l'émeute ? La pioche du démolisseur n'y pouvait-elle

[1] Séance du 27 juillet 1789 (*Moniteur*, t. I, n° 25).
[2] M. de Barentin, *Mémoires*, p. 181. — Rapport au roi en son conseil, le
27 décembre 1788. (*Introduction au Moniteur*, p. 507.)
[3] *Moniteur*, t. I, n° 10.

suffire, et déjà ne se préparait-on pas à l'y mettre?
En 1784, l'architecte Colbert avait publié le *Projet d'une
place publique à la gloire de Louis XVI sur l'emplacement de la Bastille*. Ce projet faisait disparaître complètement la vieille prison, et sur ses ruines s'élevait une
place circulaire au milieu de laquelle se dressait la
statue du prince. L'architecte Corbet était fonctionnaire;
il était inspecteur des bâtiments de la ville de Paris, et
son plan avait tout au moins un caractère officieux[1].
Necker avait songé, pendant son ministère, à supprimer
une prison qui ne recevait presque plus de prisonniers
et qui n'en était pas moins une source de grosses
dépenses. Les cahiers de la noblesse de Paris renfer-
maient ce vœu : « Que le roi soit supplié de vouloir
bien ordonner la démolition de la Bastille. » Les officiers mêmes de la Bastille allaient au-devant de cette
démolition et la provoquaient. Le chevalier du Puget,
qui, dans le « gouvernement du château royal de la
Bastille », venait immédiatement après M. de Launay,
avec le titre de *lieutenant de roi,* avait rédigé un rapport concluant à la suppression et à la démolition de la
forteresse. Enfin, le 8 juin 1789, Davy de Chavigné avait
présenté à l'Académie royale d'architecture un plan
conçu depuis plusieurs années et consistant à ériger,
sur l'emplacement de la prison jetée bas, une colonne
surmontée de la statue du roi[2].

Louis XVI méritait, en effet, que sa statue s'élevât sur
les ruines de cette prison, dont il avait de plus en plus
restreint l'usage et adouci le régime, et qu'il avait con-
damnée à disparaître, le jour où il avait proclamé, à la
face des représentants de la nation, l'abolition des lettres
de cachet. L'insurrection du 14 juillet en disposa autre-

[1] Victor Fournel, *les Hommes du 14 juillet*, p. 14.
[2] Victor Fournel, *loc. cit.*

ment. La Bastille, qui allait tomber pacifiquement, fut renversée par l'émeute, et de cette émeute sont nées la Révolution, la République et la Terreur.

Le 26 février 1794, Saint-Just, alors président de la Convention, proposa au nom des comités réunis de salut public et de sûreté générale *l'arrestation de toutes les personnes reconnues ennemies de la Révolution* et la confiscation de tous leurs biens. Il disait dans son rapport :

> Vous avez voulu une république ; si vous ne voulez point en même temps ce qui la constitue, elle ensevelira le peuple sous ses débris. *Ce qui constitue une république, c'est la destruction totale de ce qui lui est opposé.* On se plaint des mesures révolutionnaires; mais nous sommes des *modérés* en comparaison de tous les autres gouvernements.
>
> En 1788, Louis XVI fit immoler *huit mille personnes* de tout âge, de tout sexe, dans Paris, dans la rue Meslay et sur le Pont-Neuf. La cour renouvela ces scènes au Champ de Mars. La cour pendait dans les prisons; les noyés que l'on ramassait dans la Seine étaient ses victimes; il y avait *quatre cent mille prisonniers*; l'on pendait par an *quinze mille* contrebandiers; on rouait *trois mille* hommes; il y avait dans Paris plus de prisonniers qu'aujourd'hui [1].

Ces monstrueux mensonges, pas un seul député n'eut la pudeur de les relever ; pas un seul n'eut le courage de voter contre les abominables mesures proposées par Saint-Just. Le décret demandé fut voté sans discussion et à *l'unanimité* [2].

Dans ces jours-là, Le Chapelier, qui avait été à la Constituante un des membres les plus ardents du côté gauche et qui, le 13 juillet, veille de la prise de la Bas-

---

[1] *Moniteur*, an II (1794), n° 159. — M. Louis Blanc a reproduit ces mensonges de Saint-Just, sans observations, espérant bien que, dans l'esprit de ses lecteurs, il en resterait toujours quelque chose. (*Histoire de la Révolution*, t. X, p. 307.)

[2] *Moniteur*, loc. cit.

tille, s'était élevé contre le rassemblement des troupes, déclarant que « le peuple seul devait garder le peuple », Le Chapelier passait sur la place de la Bastille avec un de ses amis. « Voilà, lui dit cet ami, où s'élevait la citadelle de la tyrannie, contre laquelle vous avez dit de si belles choses. Maintenant nous sommes sous le règne de la liberté, de l'égalité, de la fraternité et de la guillotine. J'espère que nous avons fait là un fameux échange ! » Le Chapelier, après un moment de silence, répondit : « Qu'on la rebâtisse, et qu'on m'y enferme[1] ! »

Parmi les anciens prisonniers de la Bastille, dix furent guillotinés ou fusillés. Voici leurs noms :

De Rozoi[2], guillotiné le 25 août 1792; Brissot, guillotiné le 31 octobre 1793; Manuel, guillotiné le 15 novembre 1793; le libraire Gattey[3], guillotiné le 14 avril 1794; Jacques de la Douay, guillotiné le 25 avril 1794; Letellier, guillotiné le 24 juin 1794; Linguet, guillotiné le 26 juin 1794; le marquis de Bédée, guillotiné le 25 juillet 1794; Cailleux, fusillé le 19 septembre 1795; le marquis de la Feronnière, fusillé le 16 mars 1796.

De chacune des pierres de la Bastille renversée était née une Bastille nouvelle; et ces milliers de geôles, qui

[1] *Orateurs et Tribuns*, par Victor du Bled, p. 42. — Le Chapelier fut guillotiné le 22 avril 1794.

[2] De Rozoi, alors rédacteur du *Mercure de France*, soupçonné d'être l'auteur ou le propagateur de libelles injurieux, avait été écroué à la Bastille le 13 janvier 1781. Une ordonnance de non-lieu l'avait rendu à la liberté au bout d'une semaine. Condamné à mort par le tribunal criminel du 17 août 1792, comme auteur d'écrits contre-révolutionnaires, il mourut avec le plus grand courage. — Joseph Girouard, imprimeur de la *Gazette de Paris*, le journal de de Rozoi, fut guillotiné le 8 janvier 1794. Le même jour tombait également sur l'échafaud la tête de la femme Feuchère, receveuse d'abonnement de la *Gazette de Paris*.

[3] La sœur de Gattey, ancienne religieuse de Saint-Lazare, assistait au procès de son frère. Au moment où l'arrêt fut prononcé, elle cria à plusieurs reprises : « Vive le roi ! » Dès le lendemain elle était à son tour envoyée à l'échafaud.

8

couvraient la France, regorgeaient, celles-là, de prisonniers, qui n'en sortaient que pour aller à l'échafaud [1].
L'histoire a confirmé la justesse de cette parole de
Malouet : *Pour tout homme impartial, la Terreur date
du 14 juillet* [2].

[1] « Dans Paris, 36 vastes prisons et 96 « violons » ou geôles provisoires,
que remplissent incessamment les comités révolutionnaires, ne suffisent pas
au service, et l'on calcule qu'en France, sans compter *plus de* 40,000 *geôles*
provisoires, 1,200 prisons, pleines et bondées, contiennent chacune plus de
200 reclus. A Paris, malgré les vides quotidiens opérés par la guillotine, le
chiffre des détenus monte, le 28 avril 1794, à 7,840; et, le 13 juillet, malgré
les grandes fournées de cinquante et soixante personnes conduites en un
seul jour et tous les jours à l'échafaud, le chiffre est encore de 7,502. Il y a
975 détenus dans les prisons de Brest; il y en a plus de 1,000 dans les
prisons d'Arras, plus de 1,500 dans celles de Toulouse, plus de 3,000 dans
celles de Strasbourg, plus de 13,000 dans celles de Nantes. Dans les deux
départements de Vaucluse et des Bouches-du-Rhône, le représentant Mai-
gnet, qui est sur place, annonce de 12 à 15,000 arrestations. « Quelque
« temps avant thermidor, dit l'historien Beaulieu, le nombre des détenus
« s'élevait à près de *quatre cent mille ;* » c'est ce qui résulte des listes et
des registres qui étaient alors au comité de sûreté générale. » (H. Taine, *la
Révolution*, t. III, p. 383.)

[2] *Mémoires* de Malouet, t. II, p. 9.